JÖRG ZINK
DIE MITTE DER NACHT IST DER ANFANG DES TAGES

JÖRG ZINK

DIE MITTE DER NACHT IST DER ANFANG DES TAGES

BILDER UND GEDANKEN
ZU DEN GRENZEN UNSERES LEBENS

KREUZ VERLAG

11. Auflage (156.–161. Tausend) 1986
© Kreuz Verlag Stuttgart 1968
Gestaltung: Hans Hug
Gesamtherstellung: E. Kieser, Augsburg, Imhofstraße 7
ISBN 3 7831 0291 X

INHALT

Vorwort	9	Zu den Kapiteln Farbtafeln gotischer Altarbilder
Was die Not wendet	13	»Maria und das Grab«
Bewahrung auf dem Weg	25	»Flucht nach Ägypten«
Leben nach dem Sieg des Todes	35	»Taufe im Jordan«
Der Sinn des Lebens und die Liebe	45	»Fußwaschung«
Das Opfer des Willens	61	»Gebet in Gethsemane«
Leiden an Gott	73	»Gefangennahme im Garten«
Der unansehnliche Mensch	83	»Pilatus und der arme Bruder«
Auferstehung	93	»Wanderung nach Emmaus«

ICH HOFFE AUF DICH,
HERR!
MEINE SEELE WARTET AUF DICH
WIE EIN WÄCHTER AUF DEN MORGEN,
SEHNLICHER, JA,
ALS EIN WÄCHTER
AUF DEN MORGEN WARTET.

DAS HALTEN WIR FEST,
DASS DAS HEIL KOMMT.
GOTT HAT ES VERSPROCHEN,
UND WIR TUN WOHL,
DAS WORT ZU BEWAHREN,
EIN LICHT, LEUCHTEND
AN EINEM DUNKLEN ORT,
BIS DER TAG ANBRICHT
UND DER MORGENSTERN AUFGEHT
IN UNSEREN HERZEN.

AUS PSALM 130
UND DEM 2. BRIEF DES PETRUS

VORWORT

»Die Mitte der Nacht ist der Anfang des Tages« – das ist einfach und natürlich. Solange auf unserer Erde Tage und Nächte einander folgen, beginnt der neue Tag um Mitternacht.

Aber das Wort will mehr sagen, denn der alte Hymnus, aus dem es stammt, fährt fort: »Die Mitte der Not ist der Anfang des Lichts.« Wenn es also meint, die Mitte *unserer* Nacht sei der Anfang *unseres* Tages, dann gehört ein kühner Glaube dazu, es auszusprechen. Denn daß die Nacht unserer Angst, unserer Schwermut und Bitterkeit der Anfang der Zuversicht und der Freiheit sei, ist, solange die Nacht währt, schwer zu fassen. Und wenn das Wort gar bedeuten soll, die tiefe Nacht, die sich um Gott legen kann, den rätselhaften und dunklen Gott, sei der Anfang der Klarheit und des Vertrauens, dann kann nur der es nachsprechen, der bereit ist, in die Dunkelheit zu gehen, als wäre es Tag.

Es bedarf dazu keines besonderen Schicksals. Das Wort wendet sich nicht an die Kranken, Leidenden und Schwermütigen allein. Wer die Welt sieht, wie sie ist, wer sich selbst wahrnimmt, wer andere begleitet, fragt, ob er es sich vornimmt oder nicht, nach dem Sinn, nach dem Ziel, nach dem seltsamen Willen Gottes, nach seiner Gerechtigkeit oder nach der eigentümlichen Zumutung, leben zu sollen. Er fragt, woher der Mensch komme und wo er zuletzt bleiben werde. Wie er mit Schuld und Versagen umgehen und von ihnen frei werden könne. Was es mit dem Abnehmen und Sterben und mit der Hoffnung der Christen auf sich habe. Es gibt keine besondere Frage, die ein Mensch an der Grenze seiner Zuversicht stellen könnte, die nicht der nachdenkliche Mensch überhaupt sich vorzulegen hätte, schon ehe er an diese Grenze gerät.

Freilich, er wird dabei merken, daß der Verstand allein die Antwort nicht finden wird. Es geht nicht ums Einmaleins, sondern ums Leben, und so dürfen die Fragen und die Antworten nicht nur durchdacht, sie müssen durchlebt werden. Sie gehen unser ganzes Wesen an und können darum immer nur so viel Klarheit gewinnen wie unser eigenes Wesen hat. Sie rühren an den Willen Gottes und fordern, daß unser Wille mit dem Willen Gottes eins wird, ehe sie uns Wahrheit eröffnen.

Der Leser lasse sich darum zu den Betrachtungen dieses Buches Zeit. Er verliere auch nicht den Mut, wenn er nicht von Anfang an alles so nachvollziehen kann, wie die Worte und die Bilder es fordern und wie er gerne möchte. Er braucht das Buch auch nicht von Anfang bis Ende in einem Zug zu lesen, sondern schlage es einmal hier und einmal dort auf und lege es wieder aus der Hand. Vielleicht begegnet er dem einen oder anderen Gedicht, Lied oder Wort, das er auswendig lernen und sich ein paar Tage lang vorsagen möchte, ehe er weiterliest.

Das Buch bringt, eben weil es sich in ihm nicht um Gedanken allein, sondern ums Leben handelt, neben den Worten Bilder. Die Bilder aber sind nicht dazu da, das Buch zu verschönen. Sie sind vielmehr ein Teil der Lektüre, die man sich mit ihm vornimmt. Seit mehr als tausend Jahren sah man den Lebensweg des Menschen im Lebensweg Christi, besonders aber im »Kreuzweg«, vorgebildet. Durch Angst, Schmerzen und Tod ging Christus seinen Weg. Er ging damit den Weg voraus, der uns allen bestimmt ist. Wir werden also, so wollte man von jeher damit sagen, in den Stationen des Kreuzwegs unserem eigenen Geschick begegnen und dabei erfahren, daß unser eigener Weg Richtung und Sinn gewinnt. Es ist gut, solche Bilder zu betrachten, solange man die Kraft dazu hat, damit man sie besitzt und die Bilder noch sprechen, wenn man nicht mehr nachdenken will oder kann.

Die wichtigsten Fragen, die wir stellen können, sind die unlösbarsten. Es gibt keine direkte Antwort auf die Frage nach dem Sinn des Lebens. Aber es gibt einen Glauben, der so ist, daß wir unsere Frage aus der Hand legen können. Er gibt zwar keinen Bescheid, aber den Frieden, und der Friede ist mehr als das Bescheidwissen. Die Einsicht aber, daß die Mitte der Nacht der Anfang des Tages ist, daß in der Dunkelheit menschlicher Angst der Tag Gottes anbricht, ist die Frucht, die aus dem Frieden erwächst.

WAS DIE NOT WENDET

Sie gingen lange mit mir: die Frau im Gewand einer Nonne mit ihrem von Last und Leid gezeichneten Gesicht und der Engel, der ihr gegenübersteht und ihr ähnlich ist, als wäre er ihr Bruder. (Siehe die Tafel Seite 17.)
»Und der Engel trat zu ihr hinein und sprach: Gegrüßet seist du, Holdselige, der Herr ist mit dir!« – so scheint das Bild beim ersten Hinsehen zu erzählen, wie der Engel Gabriel Maria die Geburt ihres Kindes verkündigt.
Aber der erste Eindruck täuscht. Diese Frau ist nicht das Mädchen Maria, und auf dem Spruchband in der Hand des Engels stehen andere Worte. Was mag der Maler gemeint haben? Was geht zwischen den beiden hin und her in ihrem umzäunten Garten?
Eine selten erzählte Marienlegende weiß von einem zweiten Besuch eines Engels bei Maria. Es sei am Samstag vor Ostern gewesen, an jenem Tag, an dem die drei Frauen, von denen die Passionsgeschichte berichtet, »still gewesen sind nach dem Gesetz« und an dem ihnen nichts geblieben war als ihr abgründiges Leid im Angesicht des Grabes in jenem Garten des Joseph von Arimathia. Diesen Besuch, so scheint es, schildert unser Bild, auf dem Maria dem Grab gegenüber sitzt, in sich versunken, ein Buch auf den Knien, den Schleier vor dem Gesicht, und ein Engel zu ihr tritt und sie mit den kaum noch leserlichen Worten auf seinem Spruchband anspricht: »Gegrüßet seist du, Gesegnete, weit wirst du sein in deinem Herzen, und das Leid wird dich nicht erdrücken.« Und in dem Buch, das Maria liest, entziffern wir mühsam die beiden Worte »getröstet« und »weit werden«. Über den beiden, Maria und dem Boten, schwe-

ben zwei Engel, und der rechte von ihnen ruft ihr die Worte seines Spruchbandes zu: »Dein Sohn wird das Leid in Freude verwandeln!«
Ungewohnt wirkt Maria selbst. In ihrer trostlosen Versunkenheit gleicht sie eigentlich weniger Maria als vielmehr einem Bild der menschlichen Seele überhaupt. Es mag sein, daß der Maler Anlaß hatte, beladenen, betrübten Menschen ein Wort zu sagen. Es mag sein, daß er an all diejenigen dachte, die unter Sorgen und Ängsten vor seinen Altar kommen und davor sitzen oder knien würden, und daß er die Worte des Engels für sie bestimmte: für sie, die einen Zaun um ihr Herz ziehen und denen der Schleier den Blick nach draußen und drüben und auch den Blick auf den Engel verbirgt.
»Gegrüßt seist du, du gesegneter Mensch! Weit darfst du werden in deinem Herzen, und der Jammer wird dich nicht erdrücken!« Das ist das Wort eines Engels. Engel sind nicht selbst schon ein Trost, aber Bringer des Trostes. Sie rufen, sie zeigen, sie sprechen es aus, warum hier eine betrübte Seele »gesegnet« heißt: weil morgen Ostern ist und weil morgen ihre Traurigkeit Freude sein wird.
Man hat immer wieder gesagt, es sei das Kennzeichen des Menschen, daß er aufrecht stehen, daß er frei gehen und sein Haupt erheben könne. Aber manchmal ist es menschlicher, zu sitzen und zu zagen. Manchmal ist der wirkliche Mensch daran kenntlich, daß er den Mut hat, seine Angst und Verzweiflung einzugestehen, daß er sich dem Grab, dem Symbol der Hoffnungslosigkeit, gegenübersetzt und auf den Tod oder das Wunder wartet. Es hat einer gesagt: Menschsein heißt leiden können. Wer am tiefsten zu leiden versteht, ist am meisten Mensch.
Freilich, Maria wird den Engel nicht so leicht wahrnehmen. Das schwere Tuch, mit dem sie ihre Trauer verhüllt, hängt ihr über die Augen. In sich gekrümmt vor Ermattung sitzt sie da. Wo soll der Engel stehen, damit sie ihn sieht? Was soll er sagen, damit seine Stimme bis in ihre Abgeschiedenheit hinein hörbar wird? Viel wird daran liegen, ob Maria geübt ist, mit Leid umzugehen.

Es ist heute schwer, darin geübt zu sein. Es gibt zu viele Mittel, den Schmerzen auszuweichen, die Schwermut zu verdrängen, die Angst zu überspielen und den Tod zu übersehen. Es ist auch deshalb schwer, weil niemand unter uns einen Sinn darin sieht, leiden zu können. Noch nie, so weit wir zurückblicken können, haben die Menschen einander so einseitig gewertet wie heute. Unter uns ist einer so viel wert, wie er leistet. Und noch nie hat der Mensch sich selbst so ausschließlich nach seiner Wirkung, seiner Tätigkeit beurteilt, noch nie stürzte er, wenn ihn seine Leistungskraft verließ, in solche Abgründe der Niedergeschlagenheit wie heute.

Die Bibel spricht anders vom Menschen. Sie sagt, was ein Mensch zuletzt wert sei, entscheide sich an dem Maß, in dem er an Gottes Geist Anteil habe. Die Zeichen des Geistes aber seien unter anderem »Liebe, Freude, Friede und Geduld«. Für die alten Völker und für alle die Zeiten und Kulturen, denen der Mensch wichtiger war als sein Werk, lag hier das Gewicht. Gelassenheit ist kein Werk, aber sie ist ein Zeichen der Menschlichkeit. Stille, Freundlichkeit oder Weisheit sind keine Leistungen, aber Zeichen für das Wesen eines Menschen. Und so sagt die Bibel: Du wirst nicht selig durch deine Arbeit. Selig, das heißt ein Mensch nach dem Herzen Gottes, wirst du dadurch, daß sein Geist dich verwandelt.

Nun gibt es Zeiten in unserem Leben, in denen es wichtiger ist, geduldig zu sein als tüchtig, besser, Schmerzen gewachsen zu sein als zu arbeiten, nötiger, sich in andere zu fügen als zu befehlen, die Einsamkeit einer Nacht auszuhalten als am Tage mitzureden. Und eben diese Zeiten, die uns so fremd geworden sind, sind es, in denen sich zeigt, wer wir in Wahrheit sind.

Vielleicht verstehen wir darum auch die Engel nicht mehr. Denn an den Engeln ist nicht wichtig, was sie tun, sondern was sie sind. Und wir sind ihnen um so näher, je weniger unser Wesen von dem bestimmt ist, was wir tun, und je mehr von dem, was wir von Gott empfangen. Aber das Empfangen fordert Stille und Zucht. Luther schreibt einmal:

»Gott wollte gern geben, aber wir stehen da wie ein verrückter Bettler. Wir halten den Hut auf, damit er uns etwas hineinwerfe, und rütteln doch den Hut ohne Unterlaß und wollen nicht stillhalten. Wenn du eine Kanne oder Flasche in Händen hättest und begehrtest, man solle dir Wein hineingießen, und würdest sie nun mit der Hand immer hin und her schleudern, – das würde einen sehr unwilligen Wirt machen, vor allem dann, wenn er dir den Wein schenken und kein Geld dafür nehmen wollte. Er würde sagen: Trolle dich! Meinst du, ich wolle den Wein auf die Erde gießen? So ist es um ein wankendes, ungläubiges Herz, da kann Gott nichts eingießen, wenn er gleich wollte.«

Aber Stille ist nicht einfach da, wenn einer sie sucht. Denn sie entsteht nicht von selbst, wo das äußere Leben zurücktritt, wo die Hast der Arbeit sich entfernt oder der Straßenverkehr verstummt. Das einsame Zimmer am Ferienort ist noch kein Ort der Stille, sowenig wie der abgelegene Raum des Kranken. Denn wo die äußere Welt schweigt, setzen die inneren Stimmen ein, beginnt das Herz zu reden, zu schreien, zu fragen oder sich selbst Antworten zuzulärmen, stehen die Erinnerungen auf, kommen die Gespräche wieder, die abgebrochenen, und schließen sich die Selbstgespräche an, die anklagenden und verteidigenden, die beweisen sollen, daß das Leben ungerecht und die Menschen undankbar seien, der Redende selbst aber ohne Schuld. Es gibt eine Lautlosigkeit, die leer und trostlos ist wie eine Wüste, dunkel wie ein Gefängnis, gefährlich wie ein Raubtier, von Stimmen durchschwirrt wie die Hölle selbst. Jede Stille, die man nicht liebt, wird zur Hölle.

Eine Stille, der auf die Dauer unsere Liebe gehören kann, schließt immer etwas ein, das mehr ist als wir selbst: ein Gespräch mit einem Du. Sie bringt ein Wort oder ein Zeichen aus einer anderen Welt. Ein Zeichen, an dem abzulesen oder abzutasten ist, was der Sinn all der Bedrängnis ist, deren wir uns zu erwehren haben. Was das alles soll. Wo es hinauswill. Ob es einen Ausweg gibt, einen Durchbruch, eine Befreiung. Ob nach der Finsternis noch einmal ein Tag kommt, ob etwas von Liebe in allem ist oder nur

Erscheinung eines Engels bei Maria am Karsamstag
Stuttgart, Staatsgalerie. Foto: E. Kirschner

ein dummes, einfallsloses Schicksal. Ob einer ist, der die Stimme der Angst hört.
Stille entsteht in der Stunde, in der eine quälende Frage ihre gute und klare Antwort gefunden hat. Sie tritt ein, wo uns statt eines ängstigenden Bildes ein tröstliches vor der Seele steht. Aber sie kommt nicht von selbst und nicht zufällig. Ohne Warten und Stillhalten geschieht nichts Erlösendes an uns.

Dietrich Bonhoeffer schrieb für seine Mitgefangenen Gebete, die sich dazu eignen, auswendig gelernt und wieder und wieder gesprochen zu werden. Eines lautet:

Gott, zu dir rufe ich!
Hilf mir beten
und meine Gedanken sammeln zu dir;
ich kann es nicht allein.
In mir ist es finster,
aber bei dir ist das Licht;
ich bin einsam, aber du verläßt mich nicht;
ich bin kleinmütig, aber bei dir ist die Hilfe;
ich bin unruhig, aber bei dir ist der Friede;
in mir ist Bitterkeit, aber bei dir ist die Geduld;
ich verstehe deine Wege nicht,
aber du weißt den Weg für mich.

Die Gefangenen, die diese Verse weitergaben, gefährdeten ihr Leben dabei. Aber wer gefangen ist, muß wissen, daß er Mitgefangene hat, und häufig ist dies der Anfang des Trostes. Denn die erste Begegnung mit Gott ist vielleicht die Begegnung mit einem Engel, und der Engel trägt die Züge eines Menschen. Die Züge eines Mitgefangenen oder, für die Augen der andern, unsere eigenen.

Herr, wenn ich im Leiden stehe und will blind und gleichgültig werden gegen die Menschen um mich her, dann halte du mein Auge hell und mein Herz frei von der Selbstsucht, die gerade den Leidenden so leicht befällt. Hilf mir, nicht immer an mich selbst zu denken. Ich darf nicht anspruchsvoll werden, darf den andern nicht zur Last fallen, darf ihnen ihre Freude nicht deswegen verderben, weil es mir schwer zumute ist. Jeden kleinen Dienst der Liebe lehre mich sehen; lehre mich ihn würdigen und dafür dankbar sein. Ja, ich muß lernen, selbst den anderen nützlich zu sein; denn dann bezwingt einer am leichtesten sein Leid, wenn er über sich selbst hinweggeht und anderen hilft.

Romano Guardini

Es gibt Übungen für den Anfänger, das Stillwerden zu lernen: Dem Regen an der Fensterscheibe zuhören und nichts hören wollen als das Schlagen der Tropfen.
Tag um Tag zusehen, wie eine Zimmerpflanze wächst oder eine Blume sich öffnet. Und davon gar nichts Besonderes erwarten, sondern nur mit allen Gedanken und Sinnen eine Weile dort sein, wo das geschieht.
Oder, wenn das gelungen ist, einen Vers lernen und ihn sagen. Einmal, fünfmal, zehnmal, so lange, bis uns von seiner ersten bis zu seiner letzten Zeile kein fremder, störender Gedanke dazwischenkam. Etwa diesen:

> Mach in mir deinem Geiste Raum,
> daß ich dir werd ein guter Baum,
> und laß mich Wurzel treiben;
> verleihe, daß zu deinem Ruhm
> ich deines Gartens schöne Blum
> und Pflanze möge bleiben.
> Erwähle mich zum Paradeis
> und laß mich bis zum letzten Reis
> an Leib und Seele grünen:
> so will ich dir und deiner Ehr
> allein und sonsten keinem mehr
> hier und dort ewig dienen.

Oder den schwereren:

> Herr, sprich dein ewiges Wort in mir,
> und laß es mich hören!
> Herr, leuchte mit deinem Licht in meine Seele
> und laß es mich schauen!
> Herr, drücke dein Bild in mich ein
> und laß es mich ewig bewahren!
> Herr, wirke dein Werk in mir
> und laß mich dafür empfänglich sein!

Oder das klare, schöne Lied:

> Ich steh in meines Herren Hand
> und will drin stehen bleiben;
> nicht Erdennot, nicht Erdentand
> soll mich daraus vertreiben.
> Und wenn zerfällt die ganze Welt,
> wer sich an ihm und wen er hält,
> wird wohlbehalten bleiben.
>
> Er ist ein Fels, ein sichrer Hort,
> und Wunder sollen schauen,
> die sich auf sein wahrhaftig Wort
> verlassen und ihm trauen.
> Er hat's gesagt, und darauf wagt
> mein Herz es froh und unverzagt
> und läßt sich gar nicht grauen.
>
> Und was er mit mir machen will,
> ist alles mir gelegen;
> ich halte ihm im Glauben still
> und hoff auf seinen Segen.
> Denn was er tut, ist immer gut,
> und wer von ihm behütet ruht,
> ist sicher allerwegen.
>
> Und meines Glaubens Unterpfand
> ist, was er selbst verheißen:

> daß nichts mich seiner starken Hand
> soll je und je entreißen.
> Was er verspricht, das bricht er nicht;
> er bleibet meine Zuversicht.
> Ich will ihn ewig preisen.

Oder das einfache Wort, das auch in schweren Stunden der Schlaflosigkeit oder der Angst noch gegenwärtig sein kann:
> Ich bin in deiner Hand.
> Mir kann nichts geschehen.
> Ich danke dir.

Niemand lernt es von selbst. Und niemand kann es von selbst in der Stunde, in der er es braucht, denn nie war der Mensch so gespalten zwischen seinem tätigen Ich und seinem Herzen wie heute.
Ein Forscher berichtet von einer Expedition im Inneren Afrikas. Eingeborene tragen in langen Kolonnen sein Gepäck. Er hat es eilig und treibt die Leute zu immer schnellerem Gehen an. Aber an einem Nachmittag setzen die Träger sich nieder, und es hilft kein Zureden, kein Befehlen, kein Drohen. Ein Dolmetscher fragt nach dem Grund und erhält die Antwort: »Wir müssen warten, bis unsere Seelen nachgekommen sind.«
Eine arabische Anekdote erzählt von einem Pilger, der nach Mekka kam, um am Heiligtum zu beten. Aber an der Kaaba, dem heiligen Stein, gelingt es ihm nicht, seine Gedanken zu sammeln. Während seine Lippen leere Formeln sprechen, hört er sich selbst zu und findet seine Gedanken bei ganz anderen Dingen. Er fragt einen Priester um Rat. »Seit wann bist du hier?« fragt der Priester. »Seit gestern. Ich kam mit dem Flugzeug.« »Dann habe Geduld, mein Sohn. Die Seele kommt nach. Sie geht lieber zu Fuß.«
Für uns bleibt die Frage, ob sie überhaupt noch nachkommt, ob die Gespaltenheit, die uns in der Stunde offenbar wird, in der wir unseren ganzen Menschen beieinander haben müßten, noch zu heilen ist.

Und deine Seele, Menschenkind? fragt Christian Morgenstern:

>Bist du nicht Spiel und Spiegel
>irrer Funken,
>die gestern wurden,
>morgen zu vergehn – verlorst
>in deiner kleinen Lust und Pein
>du nicht das Firmament,
>darin du wohnst –
>hast du dich selber nicht
>vergessen,
>Mensch,
>und weiß dein Antlitz noch
>um Ewigkeit?

Und wenn es in der Tat zur Stille nicht kommt? Wenn es weder zum Glauben noch zum Hoffen oder Vertrauen kommt? Wenn ich nicht sprechen kann: »Ich steh in meines Herren Hand«? Dann ist der Anfang der, daß ich sage:

>Ich glaube, lieber Herr,
>hilf meinem Unglauben!
>Ich sehe meinen Tag vor mir.
>Hilf meiner Blindheit.
>Ich will etwas tun.
>Hilf meiner Mattigkeit.
>Ich glaube.
>Hilf meinem Unglauben.

Aus den Gefängnissen des Dritten Reiches sind die Verse eines Häftlings überliefert:

>In den Tiefen, die kein Trost erreicht,
>laß doch deine Treue mich erreichen.
>In den Nächten, da der Glaube weicht,
>laß nicht deine Gnade von mir weichen.
>
>Auf dem Weg, den keiner mit mir geht,
>wenn zum Beten die Gedanken schwinden,

wenn die Finsternis mich kalt umweht,
wollest du in meiner Not mich finden.

Wenn die Seele wie ein irres Licht
flackert zwischen Werden und Vergehen,
wenn des Geistes Kraft zu Nichts zerbricht,
wollest du an meinem Lager stehen.

Wenn ich deine Hand nicht fassen kann,
nimm die meine doch in deine Hände!
Nimm dich meiner Seele gnädig an!
Führe mich zu einem guten Ende!

Justus Delbrück

Will man den vor sich sehen, den man um Führung bittet, dann ist es gut, jene Worte nachzusprechen, in denen er sagt, wer er für den bittenden Menschen ist. Er sagt von sich:
    Ich bin die Tür.
    Ich bin der gute Hirte.
    Ich bin die Auferstehung und das Leben.
    Ich bin das Brot.
    Ich bin der Weinstock.
    Ich bin das Licht der Welt.
    Ich bin der Weg, die Wahrheit und das Leben.
    Ich und der Vater sind eins.

Es hilft sehr weit, eines dieser Worte nach dem anderen aufzusuchen und nachzusprechen. Der Weg, den dieses Buch geht, führt an ihnen entlang.
Das erste – ich bin die Tür – gilt jener Maria, die in sich gebeugt im umzäunten Garten sitzt und keinen Ausweg weiß. Denn es gibt nichts so endgültig Verschlossenes wie ein Grab.
Das erste Wort, das dem Verschlossenen und Gefangenen gilt, ist dies:
    Ich bin die Tür.
    Wer durch mich eintritt, wird glücklich sein.
    Er wird ein- und ausgehen
    und finden, was er zum Leben braucht.

BEWAHRUNG AUF DEM WEG

Ohne alle Betonung, wie beiläufig, erzählt das Neue Testament die Geschichte von der Flucht des Kindes Jesus und seiner Eltern nach Ägypten. Und doch malen die Künstler des Mittelalters immer und immer wieder jenen Joseph mit Stock und Wasserflasche, jene Maria mit dem Kind im Arm auf dem trabenden Esel, als handle es sich um einen der wichtigsten Gedanken des christlichen Glaubens. Es ist, als sähen sie in dieser Geschichte nicht nur eine Episode aus der Kindheit Jesu, sondern mehr: ein Gleichnis für das menschliche Dasein überhaupt.
Dem Betrachter von heute, der vor den alten Tafeln steht, wird es ähnlich ergehen. Er wird mehr finden als eine fromme Erzählung aus ferner Zeit: nämlich sich selbst. Er wird sich einmal in der Gestalt des Joseph begegnen, der so behutsam auf die Mutter und das Kind achtet, ein andermal in Maria, die ihr Kind hütet und dabei auf der Flucht ist, ein drittes Mal in der Gestalt des Kindes und wird dabei glücklich sein, daß es auf den Wegen der Flucht in dieser Welt so viel Schutz gibt. Er wird aber, wenn er sich selbst kennt, wissen, daß auch der Gewalttäter, vor dem die drei fliehen, der um seine Macht, seine Sicherheit, seine Ungestörtheit Besorgte, der in seiner Sorge zum Mörder wird, in ihm selbst ist. Und er wird sich in den Bewohnern der Stadt, die sich im Hintergrund aufbaut und die weder Mauer noch Haus noch Tisch für die Flüchtigen hat, wiederfinden und sehen, daß nur der Hund auf dem Weg und der Fuchs im Wald die Genossen der Flüchtenden sind.
Da geht ein Weg irgendwoher, irgendwohin. Niemand sieht ein Ende. Ägypten ist das Ziel, gewiß. Aber was ist Ägypten? Ein Zuhause ist es für die drei nicht gewesen, sondern nur

eben eine Unterkunft für die Tage der Angst. »Unstet und flüchtig sollst du sein auf Erden«, sagt Gott zu Kain, und das Schicksal Kains ist, ob wir Herodes oder die Leute in der nahen Stadt, ob wir die Eltern oder das Kind in uns finden mögen, das unsere.
Hinter dem Weg türmt sich eine schreckhaft zerklüftete Landschaft. Ein scharfer Riß trennt Joseph von Maria, so jäh und steil, daß der kleine Fuchs im Hintergrund Mühe hat, den Hang zu erklettern. Nichts ist zufällig auf Bildern dieser Art. Leid und Angst machen zunächst auf alle Fälle einsam, und auch der nächste Mensch geht nicht nebenher, sondern voraus oder hinterdrein.

Die Landschaft, die vor dem Geängsteten liegt, ist immer unbekannt. Keiner, der sie betritt, weiß, wie er in ihr leben soll. Die Dinge werden unsicher, und auch die festeste Stadt steht wie auf schwankendem Grund. Die Nacht ist gefährlich, und über dem Weg, der am Tage sichtbar ist, liegt das Licht voll vibrierender Unruhe. Die stille Tapferkeit, die aus den Gesichtern spricht, ändert daran wenig oder nichts.
Es geht um anderes als um Tapferkeit. Denn was nützt sie dem, der das blutige Spiel der Katze mit der Maus an sich erfährt, der Katze, die zufaßt und losläßt und den Flüchtenden wieder fängt, um ihm die Illusion der Flucht für einen Augenblick noch einmal zu gestatten, bis sie ihn endlich gefressen haben wird? Hat die Flucht Sinn? Kommt nicht doch alles, wie es soll? Hat der Unbekannte, vor dem man flüchtet, nicht zuletzt doch die längeren Arme? Und wird um den kleinen, rastlosen Menschen ein Gott sich kümmern? Wer hier nicht nur ein idyllisches Bild anschaut, sondern darin seinen eigenen Weg entdeckt, wird so fragen.
Aber es liegt auch in uns selbst das Bedürfnis, zu fliehen, so gewiß der Gewalttäter in uns dem Kind in uns selbst nachstellt. Man flüchtet ebenso leicht in die Einsamkeit wie

Flucht nach Ägypten
aus dem Altar des Meisters der goldenen Tafel von Lüneburg, um 1420

Hannover, Landesgalerie. Foto: Atelier Nölter, Hannover

unter die Menschen, in die Zerstreuung wie in die Leistung. Aber einmal wird der Weg doch zu lang. Einmal tragen die Füße nicht mehr. Plötzlich etwa verstellt der gefürchtete Feind, die Krankheit, den Weg. Und nun käme es von einer Stunde zur andern nicht mehr darauf an, etwas zu leisten oder zu erleben; sondern verharren zu können, und das heißt, Grund unter den Füßen zu haben.

Die Flucht kennt unendlich viele Wege, auch Wege ohne Ziel. Wenn die Einsamkeit zu groß ist – und sie wird, so meint man, gewiß nirgends so groß sein wie am gegenwärtigen Ort –, flüchtet man zu irgendeinem Menschen und kommt doch immer wieder an einen Ort, an dem einen niemand empfängt.

Woher die Einsamkeit kam? Vielleicht erwartete man von einem anderen Menschen zu viel? Vielleicht von Gott zu wenig? Vielleicht von sich selbst nichts? Vielleicht erfüllte das Leben die Erwartungen nicht, mit denen man dem Glück, der Erfüllung, dem Werk, dem Sinn entgegensah? Vielleicht entsprach schon die Mutter nicht den Erwartungen des Kindes, vielleicht hatte sie dies mit Gott gemeinsam, daß sie ihre Rolle nicht so spielte, wie das liebesuchende Kind es erwartete?

Und so läßt man sein Glück, oder auch nur seine Erwartungen, jedenfalls das, was man besaß, hinter sich ohne Hoffnung, es wiederzugewinnen. Die Bibel erzählt die seltsame Geschichte, wie eine Stadt plötzlich, fast ohne Ankündigung, an einem frühen Morgen im Feuer- und Aschenregen unterging und nur ein paar Menschen, Lot und seine Familie, in der letzten Stunde den Fluchtweg fanden, ohne zu ahnen, wo sie wieder eine Art Heimat finden könnten. Sie hatten zwar das Leben gerettet, aber was das Leben ausgemacht hatte, verglühte hinter ihnen.

»Rette dein Leben! Sieh nicht hinter dich und bleib nicht stehen«, sagt ein Engel zu Lot. Aber Lots Weib sieht sich um. Sie sieht zu, wie ihre Heimat und ihre Habe untergehen, und »erstarrt zur Salzsäule«. Im Blick nach rückwärts liegt der Anfang der Bitternis. Was Gott ihr zugedacht hatte, war eine Zuflucht, ein kleines, ärmliches Dorf, aber doch ein Ort zum Bleiben. Dorthin hätte sie schauen und den

Weg mitgehen sollen, der ein Weg zwar der Armut, aber doch der Rettung war.
Es gibt nur einen Blick nach rückwärts, der Sinn hat auf den Fluchtwegen dieses Lebens, den der Dankbarkeit. »Dann bist du gesund geworden«, sagt Bodelschwingh, »wenn du das Danken gelernt hast«.

Dietrich Bonhoeffer schrieb im Gefängnis das Gebet nieder:

Vater im Himmel,
Lob und Dank sei dir für die Ruhe der Nacht.
Lob und Dank sei dir für den neuen Tag.
Lob und Dank sei dir für alle deine Güte und Treue
in meinem vergangenen Leben.
Du hast mir viel Gutes erwiesen,
laß mich nun auch das Schwere
aus deiner Hand hinnehmen.
Du wirst mir nicht mehr auflegen,
als ich tragen kann.
Du läßt deinen Kindern alle Dinge
zum besten dienen. Amen.

Und Mechthild von Magdeburg sagt im 13. Jahrhundert:

Das Gebet, das ein Mensch leistet mit aller seiner Macht, hat eine große Kraft.
Es macht ein sauer Herze süß,
ein traurig Herze froh, ein armes Herze reich,
ein dummes Herz weise, ein ängstliches kühn,
ein krankes Herz stark und ein blindes sehend
und eine kalte Seele brennend.
Es zieht den großen Gott hernieder in ein kleines Herz
und treibt die hungrige Seele hinauf zu dem reichen Gott.

Der flüchtende, einsame Mensch weiß, daß er nun glauben müßte. Aber es ist nichts »da«. Das wenige, das dagewesen war, das wenige an Glauben ist verflogen. Woran hält man sich?

Es ist einer der wichtigsten und ersten Gedanken, die der Mensch auf seinem eiligen Wege fassen muß, daß er auf keinen Fall an seinem Glauben Halt fände, und wäre er noch so fest. Ein Psalmdichter sagt: »Dennoch bleibe ich stets an dir, denn du hältst mich bei meiner rechten Hand.« Ich bleibe, ich habe Halt, weil du mich hältst. Ich habe zwar keinen Glauben, aber du hältst mich an der Hand, du trägst mich, wie die Mutter das Kind auf dem Fluchtweg nach Ägypten.

Wer mit einem schweren Schicksal allein ist, wehrt sich dagegen. Das ist nicht böse, sondern natürlich. Es ist aber erstaunlich, wie oft Menschen gerade ein solches Schicksal hinterher liebgewinnen, es nicht mehr missen möchten, und wie oft sie das gleiche Schicksal, den gleichen Weg mit allen Konsequenzen wieder wählen würden, wenn sie noch einmal wählen dürften.

Das sieht niemand, wenn er »mitten drin« steckt. Es ist auch nicht möglich, einen Sinn zu jeder Zeit anzuerkennen, auch wenn man ihn einmal erkannt hat. Man wird immer wieder zurückgeworfen und hat es auf alle Fälle schwer, auf ein hartes Geschick dankbar zurückzusehen, nicht nur einmal, sondern immer wieder.

Das biblische Wort für »Erbarmen« bedeutet soviel wie »Mutterschoß«. Wir erwarten das Heil gewiß nicht von Maria, sondern von Gott, aber es ist doch gut, zu wissen, daß Gott in der Bibel nicht nur männliche, sondern auch mütterliche Züge trägt und daß es von ihm heißt, er habe Erbarmen mit uns, er sei uns, heißt das, was einem Kind die Mutter ist.

Ein Abendgebet von Jochen Klepper:

Ich liege, Herr, in deiner Hut
und schlafe ganz mit Frieden:
Dem, der in deinen Händen ruht,
ist wahre Rast beschieden.

Du bist's allein, Herr, der stets wacht,
zu helfen und zu stillen,
wenn mich die Schatten finstrer Nacht
mit jäher Angst erfüllen.

Dein starker Arm ist ausgestreckt,
daß Unheil mich verschone
und ich – was auch den Schlaf noch schreckt' –
beschirmt und sicher wohne.

So will ich, wenn der Abend sinkt,
des Leides nicht gedenken,
das mancher Erdentag noch bringt,
und mich darein versenken,

wie du, wenn alles nichtig war,
worauf die Menschen hoffen,
zur Seite warst und wunderbar
mir Plan und Rat getroffen.

Weil du der mächtige Helfer bist,
will ich mich ganz bescheiden.
Und, was bei dir verborgen ist,
dir zu entreißen meiden.

Ich achte nicht der künftigen Angst.
Ich harre deiner Treue,
der du nicht mehr von mir verlangst,
als daß ich stets aufs neue

zu kummerlosem, tiefem Schlaf
in deine Huld mich bette,
vor allem, was mich bitter traf,
in deine Liebe rette.

Ich weiß, daß auch der Tag, der kommt,
mir deine Nähe kündet
und daß sich alles, was mir frommt,
in deinem Ratschluß findet.

Du hast die Lider mir berührt.
Ich schlafe ohne Sorgen.
Der mich in diese Nacht geführt,
der leitet mich auch morgen.

Christus sagte von sich selbst: Ich habe keinen Platz auf der Erde, an dem ich mein Haupt niederlegen könnte. Und er sagt doch zugleich: Ich bin der gute Hirte. Christus, das Urbild des Wandernden, des Heimatlosen, der von »Glück« und »Lebenserfüllung« in unserem menschlichen Sinne nichts berichten könnte, sagt doch zugleich, er sei der Herr von Himmel und Erde. Die Wege der Flucht und der Verlassenheit ziehen sich gleichsam durch ein Land, das ihm gehört.

Ich bin der gute Hirte.
Der gute Hirte läßt sein Leben für die Schafe.
Meine Schafe hören meine Stimme,
und ich kenne sie,
sie folgen mir,
und ich gebe ihnen das ewige Leben.
Sie werden nimmermehr umkommen,
und niemand wird sie mir aus meiner Hand reißen.

LEBEN NACH DEM SIEG DES TODES

Es ist eines der ganz stillen Bilder. Nichts Dramatisches geschieht, und was der Maler zeigen will, zeigt er nur dem, der Zeit hat.

Aus der Ferne, entrückt in kleine, blaue Himmelsbögen, spricht Gott, der Vater, sein Wort: »Dies ist mein geliebter Sohn, an dem ich Wohlgefallen habe.« Ihm gegenüber, stumm dienend, zwei Engel, deren einer das Taufgewand in der Hand hält, das der Täufling in der alten Kirche nach dem Taufbad empfing, und eine kleine, kreuzförmig gestaltete Dose. Zwischen den Blumen eines kargen Bodens steht Johannes der Täufer in härenem Gewand und vollzieht die Taufe, und in dem schmalen, rasch strömenden Wasser, zwischen eng stehenden Ufern, beugt Jesus Christus die Knie und empfängt mit gekreuzten Armen aus der Hand des Johannes das Wasser des Sakraments. Über ihm ruht die Taube als Zeichen für die Nähe des Geistes, der aus dem offenen Himmel herabkommt. Gelassenheit liegt über den Gesichtern, Verhaltenheit, in der sich das ungeheure Geschehen spiegelt, das sie sehen, vollziehen oder erleiden. Was geschieht hier?

In dem klaren Wasser bewegen sich einige kleine Fische, nicht deshalb, weil sie eben zu dem Wasser eines Bachs gehören, sondern, weil sie den Schlüssel geben zu dem, was hier geschieht. Es wird immer wieder gesagt, das Symbol des Fischs sei darum auf Christus angewendet worden, weil sich aus den Anfangsbuchstaben von »Jesus Christus, Sohn Gottes, Retter« im Griechischen das Wort für »Fisch« bilden lasse. Aber damit verkehrt man den Zusammenhang, denn daß man in Christus den »Fisch« sah, war älter als das Wortspiel, und das Wortspiel folgte nach.

Das Wasser ist von je in der Geschichte der Menschheit ein Zeichen des Lebens und des Todes zugleich gewesen: Es entspringt in einer Quelle und spendet Leben. Es überflutet das Land, es verschlingt Mensch und Tier und bringt den Tod. »Das Wasser geht mir bis an die Seele«, so klagt ein Psalmdichter und spricht vom Tod.

Als Christus am Ufer des Galiläischen Meeres den beiden Fischern begegnete, wählte er selbst das Gleichnis vom Fisch und wandte es auf den Menschen an: »Folgt mir nach! Ich will euch zu Menschenfischern machen.« Dabei ist der Hintergrund für das Gleichnis die Tatsache, daß Fische im Wasser als ihrem Element leben und es keineswegs verlassen wollen, wie die Menschen in dieser Welt leben und sie nicht zu verlassen wünschen. Der Menschenfischer aber soll ihnen gerade dies zumuten: daß sie die Welt verlassen, von der sie meinen, sie bedeute ihr Leben, und die ihnen in Wahrheit den Tod bringt. Denn das können die »Fische« nicht wissen, sie können es nur glauben und erleiden: daß sie gerade damit, daß sie ihrem Element entrissen werden und also sterben, in ein anderes Element gelangen, in dem sie das Leben finden.

Hinter diesem Gleichnis steht Christus selbst. Er wurde Mensch. Er wurde in diese Welt des Todes hereingeboren und starb in ihr. Indem er sich nun taufen ließ, bekannte er sich zu einem ihrer Urgesetze, daß es nämlich Auferstehung, bleibendes Leben nur durch den Tod hindurch gibt. Und so wird der Fisch sein Zeichen.

Die alten Taufsteine, in die man die Kinder ganz eintauchte, gaben diesem Gedanken Ausdruck. Halbkugelig wie die untere Hälfte der Welt, gefüllt mit Wasser, dem Element des Todes, standen sie in den Kirchen, und das Kind, das von oben kam, wurde in den Tod getaucht, in den Tod Christi, und danach »aus der Taufe gehoben« zum Zeichen der Auferstehung.

Taufe Jesu
aus dem Altar des Meisters der goldenen Tafel von Lüneburg, um 1420

Hannover, Landesgalerie. Foto: Atelier Nölter, Hannover

Wer das Leben ohne den Tod ansieht oder den Tod ohne das Leben, kennt weder das eine noch das andere. Einübung ins Sterben bringt am meisten Klarheit über das Leben. Einübung ins Leben ist die beste Vorbereitung auf den Tod. Denn man kann sich zwar den Tod vor Augen halten, aber man kann ihn nicht üben. Jeder geht als Anfänger in seinen Tod. Aber das Leben kann man so gestalten, daß auch sein letzter Schritt ohne Panik geschehen kann. Man findet dabei vielleicht die eine oder andere Regel:

Mit der Zeit umgehen lernen, Tage, Stunden und Augenblicke ausschöpfen und so sich mit den Grenzen der Zeit befreunden.
Jedem Tag sein eigenes Recht geben; dem Spiel, dem Gespräch, den Plänen, dem Werk, der Fröhlichkeit, dem Nachdenken und dem Schlaf seine eigene Schönheit und Schwere lassen, und so auch den letzten Tag mit Vertrauen durchleben.
Nach Möglichkeit nichts tun, dessen Wiederholung man nicht wünschen könnte.
Allabendlich jeden Streit beenden, ehe die Sonne untergeht, und nichts Ungeordnetes durch die Tage und Wochen schleppen. Denn man holt, was man in Jahren versäumt hat, nicht in Stunden auf.
Anderen ihre Schuld vergeben und Vergebung für die eigene Schuld erbitten und dies so, daß es nichts Ungewöhnliches, sondern etwas Tägliches ist. Darauf vertrauen, daß man Vergebung empfangen hat, von Gott und den Menschen, und dafür danken.
Jede besonders hohe Meinung über das eigene Leben, das eigene Wesen, das eigene Werk abbauen, Stück um Stück. So lange abbauen, bis kein Mensch mehr denkbar ist, auf den man herabsehen könnte. Wenig von aller Leistung halten und lächeln über den Stolz, der nicht loslassen will.
Alles Vergleichen mit anderen aufgeben. Was verglichen werden kann, ist weder den Eifer noch die Angst wert. Daß man nicht schlechter sei als die andern, ist der Rede nicht wert.

Dinge, Geld und Einfluß immer gelassener weggeben. Am Ende wird an ihnen nur dies noch wichtig sein, ob wir sie weggeben konnten.
Von einem Rückblick zum andern mit weniger Wehmut, mit mehr Genauigkeit und mehr Dankbarkeit zurücksehen. Jeden Tag, jede Woche, jedes Jahr im Rückblick prüfen. Man muß geübt sein, das zu tun, wenn man in seiner letzten Stunde gezwungen ist, zurückzusehen und zusammenzuzählen. Man kann es nicht von selbst, sowenig wie eine Fremdsprache, die man zum erstenmal buchstabiert.

Lots Weib kann nicht sterben. Sie will festhalten, was hinter ihr liegt und was sie doch nicht behalten kann, und wird darüber zur Salzsäule. Festhalten, Nicht-vergeben-Können, Sich-behaupten-Wollen können das Sterben qualvoll aufhalten, wenn das Sterben Erlösung wäre. Seine Lüge nicht preisgeben wollen, seinen Stolz nicht ablegen, seine Schuld nicht bekennen – das sind Hindernisse, an denen der Tod schrecklich werden kann. Das Evangelium mutet uns zu, Jesus auf dem Weg des Opfers nachzufolgen und ihm dabei ähnlich zu werden. Der Sinn dieses Auftrags liegt im Leben, nicht im Tode. Aber der Tod verliert dabei seine Schrecken, denn wir werden auf diesem Weg auch dem auferstehenden, überwindenden Christus ähnlich.
Jeder Augenblick verlangt, daß wir hören, wenn Gott uns anruft. Wer geübt ist, diesen Ruf aufzunehmen und ihm nachzukommen, lebt in ganz natürlicher Weise auf Abruf und rechnet den Tod zu den selbstverständlichen Dingen.
Es gibt Menschen, die sich zu behaupten wissen, und andere, die sich in Hingabe verzehren. Wer sich durchsetzt, erringt seine Erfolge. Wer sich verzehrt, sieht unter Umständen seine Erfolge hinschwinden. Wer sich behauptet, steht aber gleichsam mit dem Gesicht in der falschen Richtung, er steht gegen die Richtung seines Lebens, denn das Leben des Erwachsenen ist auf das Abnehmen eingerichtet. Wer sich hingibt, steht in der Richtung, in der sein Leben sich vollzieht, und lebt im Einklang mit ihm. Wer sich behauptet, ist darum unglücklicher, als wer sich verbraucht,

und hat weniger teil an der Wahrheit. Die Seligpreisungen, die in der Bergpredigt stehen, geben den Maßstab.
Leben und ewiges Leben sind dasselbe. Es fließt eins ins andere. Beider Geheimnis ist das Gewähren und Empfangen von Vergebung.
Darum steht die Taufe, die von Tod und Leben spricht und von Schuld und Vergebung, am Anfang. Wer seine Taufe versteht, weiß, daß er Gottes Kind ist und einen Vater hat. Er weiß, daß er geführt wird und daß der Tod ein Heimweg ist. Er wird sich ins Leben einüben und den Tod nicht mehr gar so wichtig nehmen.
Unsere Unfähigkeit, über Leben und Tod ernsthaft zu sprechen, liegt, obwohl wir doch alle getauft sind, wie eine Last auf all den Leidenden und Kranken, die von uns ein solches Gespräch suchen, bis sie merken, daß wir zu gesund sind, als daß wir darüber sprechen könnten oder wollten. Wir wissen selbst von der Gefahr, die unserer Unversehrtheit täglich droht, aber wir reden nicht darüber, weder mit den anderen noch mit uns selbst.
Furcht aber überwindet man nicht dadurch, daß man dem Feind den Rücken kehrt. Man überwindet sie, indem man sich dem anvertraut, der dem Feind gewachsen ist. Im Johannesevangelium, in der Geschichte von der Heilung des Kranken am Teich Bethesda, begegnen wir ihm.
Dort wird von einem Krankenhaus berichtet, das zur Zeit Jesu in Jerusalem stand, in fünf Hallen um einen Teich her gebaut, das »Haus der Barmherzigkeit«. In langen Reihen lagen oder hockten dort die Kranken und warteten vor allem auf eins: daß die Quelle, die im Teich entsprang, aufsprudelte. Wer da als erster ins Wasser steigt, wird gesund, sagten sie. Offenbar waren Heilungen vorgekommen – und nun sammelten sich die Kranken, nun sammelte sich das Elend, nun liegen sie da und warten auf das Wunder.
Eines Tages geht Jesus hindurch, ungesehen, und findet einen Mann, der 38 Jahre krank da gelegen hat, der nun von einem Tag zum anderen dahinlebt, kaum mehr hoffend, von den Enttäuschungen abgestumpft, in immer größerer Bitterkeit. Die Menschen, so ist seine Erfahrung, denken an sich selbst, und was soll er schon von Gott erwarten, der so sparsam ist mit seinen Wundern?

Jesus tut an diesem Tag nicht, was er sonst tut. Sonst pflegen sie ihm die Kranken zu bringen, und »er macht sie alle gesund«. Sonst fragt er: »Glaubst du? Dann kann ich dich gesund machen.« Er wandert vielmehr unerkannt an ihnen allen vorbei, bleibt bei dem einen stehen und fragt ihn, ein wenig herausfordernd: »Willst du gesund werden?« Offenbar sieht Christus etwas von der so schwer heilbaren Krankkeit hinter den Krankheiten, die darin besteht, daß die Krankheit in der langen Zeit zum unentbehrlichen Gehäuse des Lebens geworden ist.

Und jener Mann, den er so fragt, antwortet weder mit Ja noch mit Nein, sondern erzählt – zum tausendsten Male wohl – seine Krankengeschichte. Wie sollte es auch möglich sein, gesund zu werden, solange das Wunder nicht zu ihm kam und solange die Menschen immer alle nur an sich selbst dachten? »Ich habe keinen Menschen«, sagt er. Wie ein Hund, der zu viel Prügel empfing, ist er handscheu geworden, handscheu gegen Gott und die Menschen.

Der Kranke von Bethesda hat recht mit allem, was er sagt, und es ist nicht schwer, sich in seiner Klage wiederzuerkennen. Es ist aber eine der hilfreichsten Übungen für den darniederliegenden Menschen, die Geschichte jenes Kranken an sich selbst durchzuerleben. Immer wieder die Frage zu hören und die Klage auszusprechen: Ich habe keinen Menschen. Ich kann nicht an die Quelle kommen. Ich erlebe keine Wunder. Ich bin zu unwichtig für Gott. Es geschieht ja doch nichts. Und dann die Anweisung Jesu zu hören: Steh auf! Nimm dein Bett und geh heim!

Ihn ansehen, den Arzt der Leiber und der Herzen. Ihn ansehen, der von sich gesagt hat: Ich bin die Auferstehung und das Leben. Die ganze Geschichte vor dem erleben, dem man nicht zu klagen braucht, weil er weiß, und den man nicht bitten muß, weil er da ist, und der ein Bundesgenosse ist gegen den Tod.

Gib mir, Herr, nicht Gold und Silber, sondern einen starken, festen Glauben. Ich suche nicht Lust oder Freude der Welt, sondern Trost und Erquickung durch dein heiliges Wort. Nichts begehre ich, das die Welt groß achtet, denn das bessert mich in deinen Augen nicht um ein Haar; sondern deinen heiligen Geist gib mir, der mein Herz erleuchte, mich in meiner Angst und Not stärke und tröste. Im rechten Glauben und Vertrauen auf deine Gnade erhalte mich bis an mein Ende. Amen.

Martin Luther

In Christo ist der Tod nicht ein Tod, sondern ein feiner, süßer, kurzer Schlaf, in dem wir von diesem Jammer, Not und Angst und allem Unglück dieses Lebens entledigt, süß und sanft einen kleinen Augenblick ruhen sollen als in einem Ruhebettlein, bis die Zeit kommt, daß er uns mit all seinen lieben Kindern zu seiner ewigen Herrlichkeit und Freude aufwecken und rufen wird.

Martin Luther

Wir müssen uns vormalen lassen und ins Herz bilden, wenn man uns unter die Erde scharrt, daß es nicht heißen muß gestorben und verdorben, sondern gesät und gepflanzt und daß wir aufgehen und wachsen sollen in einem neuen, unvergänglichen und ungebrechlichen Leben und Wesen. Wir müssen eine neue Rede und Sprache lernen, von Tod und Grab zu reden, wenn wir sterben, daß es nicht gestorben heißt, sondern auf den zukünftigen Sommer gesät, und daß der Kirchhof nicht ein Totenhaufe heißt, sondern ein Acker voll Körnlein, nämlich Gottes Körnlein, die jetzt sollen wieder hervorgrünen und wachsen, schöner als ein Mensch begreifen kann. Es geht nicht um eine menschliche, irdische Sprache, sondern eine göttliche und himmlische.

Martin Luther

O Liebe, du bist mein trauter Abendschein. Wenn einst des Lebens Abendschein hereinbricht für mich, dann laß mich sanft entschlummern und jene Ruhe finden, die deinen

Lieben bereitet ist. Bedecke dann meine Dürftigkeit mit deiner unendlichen Güte und verhülle die Blößen meines armen, unzureichenden Lebens, daß meine Seele getröstet, geborgen sei in deiner seligen Liebe. Nun denn, o Lieber, befehle ich dir mein Leben und meine Seele. Laß mich in dir in Frieden ruhen!

Gertrud die Große

Da der Tod das Ziel unseres Lebens ist, so habe ich mich mit diesem wahren Freunde des Menschen so bekannt gemacht, daß sein Bild nichts Schreckendes mehr für mich hat, sondern Beruhigendes und Tröstendes. Und ich danke meinem Gott, daß er mir das Glück gegönnt hat, ihn als Schlüssel zu unserer wahren Glückseligkeit kennenzulernen. Ich lege mich nie zu Bette, ohne zu bedenken, daß ich vielleicht den anderen Tag nicht mehr sein werde, und es wird doch kein Mensch sagen können, daß ich im Umgang mürrisch und traurig wäre. Für diese Glückseligkeit danke ich alle Tage meinem Schöpfer.

Mozart

Paulus schreibt:

Wißt ihr nicht, daß wir alle, die wir auf Jesus Christus getauft sind, in seinen Tod hinein getauft sind? Wir sind ja mit ihm begraben durch die Taufe und haben den Tod schon erlitten, damit wir, wie Christus durch die Herrlichkeit des Vaters vom Tode erweckt ist, gleich ihm ein neues Leben finden. Wir sind ihm ähnlich geworden im Tod und werden ihm nun auch in der Auferstehung gleich sein.

Christus spricht:

Ich bin die Auferstehung und das Leben. Wer an mich glaubt, wird leben, auch wenn er jetzt stirbt. Und wer lebt und an mich glaubt, wird in Ewigkeit nicht sterben.

DER SINN DES LEBENS UND DIE LIEBE

»Vor dem Osterfest erkannte Jesus, daß seine Stunde gekommen war, aus der Welt zum Vater zu gehen. Wie er aber die Seinen geliebt hatte, die in der Welt waren, so liebte er sie bis ans Ende. Und beim Abendessen, als Jesus wußte, daß ihm der Vater alles in seine Hände gegeben hatte, daß er von Gott gekommen war und zu Gott ging, – stand er vom Abendmahl auf, legte seine Kleider ab, nahm einen Schurz und umgürtete sich. Danach goß er Wasser in ein Becken, fing an, den Jüngern die Füße zu waschen, und trocknete sie mit dem Schurz. Da kam er zu Simon Petrus, der sprach zu ihm: Herr, solltest du mir meine Füße waschen? Jesus antwortete: Was ich tue, weißt du jetzt nicht, du wirst es aber hernach erfahren. Da sprach Petrus: Nimmermehr sollst du mir die Füße waschen! Jesus gab zur Antwort: Werde ich dich nicht waschen, so hast du kein Teil an mir. Da spricht Simon Petrus zu ihm: Herr, nicht die Füße allein, sondern auch die Hände und das Haupt! Jesus antwortete: Wer schon gewaschen ist, bedarf nur noch, daß ihm die Füße gewaschen werden, denn er ist ja rein. Als er nun ihre Füße gewaschen hatte, nahm er seine Kleider, setzte sich nieder und fuhr fort: Wisset ihr, was ich euch getan habe? Ihr heißet mich Meister und Herr und sagt recht daran, denn ich bin es. Wenn nun ich, euer Herr und Meister, euch die Füße gewaschen habe, so sollt ihr euch untereinander die Füße waschen. Ein Zeichen habe ich euch gegeben, daß ihr tut, wie ich euch getan habe. Wenn ihr das wißt, – selig seid ihr, wenn ihr's tut.«
In festliche Gewänder gehüllt umdrängen sie den Meister, der in einem braunen Kleid auf der Erde kniet und eben

Simon Petrus die Füße mit dem weißen Tuch trocknet, das ihm als Schürze dient. Es ist nicht mehr der Augenblick, in dem das Erstaunen, vielleicht der Unwille durch den Raum geht: Warum dies sein müsse, daß der Meister den Dienst tut, den sonst der Sklave an der Tür tat. Es ist auch nicht jener andere Augenblick, in dem der Unwille des Petrus ausbricht: Nimmermehr sollst du mir die Füße waschen – und Christus ihn zurechtweist. Das Gespräch, von dem die Geschichte berichtet, liegt schon zurück. Petrus hat ja gesagt. Mit gekreuzten Armen läßt er das Unbegreifliche geschehen, und in den Gesichtern der übrigen steht die Betroffenheit, die dann eintritt, wenn ein ungeheurer Gedanke anfängt, allmählich sich im Herzen und im Geist Raum zu schaffen. Und Christus selbst spricht nicht. Er tut, was er den Jüngern im Sinne eines Zeichens, einer Deutung tun will, und überläßt es dem Vorgang selbst, sich den versammelten Menschen einzuprägen.

Was ist das Zeichen, das hier geschieht? Es wäre wohl zu wenig, wollte man das Ganze mit dem Wort »Beispiel« fassen, denn das gäbe dem, was hier vorgeht, einen zu geringen Sinn. Es ist mehr: ein Hinweis, ein Zeichen, eine Deutung.
»Er war in göttlicher Gestalt und nahm die Gestalt des Knechts an«, sagt der Hymnus des Philipperbriefs. Es war der große Gott, der sich zum kleinen Menschen herabbeugte, ja sich tiefer beugte, als der Mensch stand. Es war Gott selbst, der in dem großen Opfergang der Passionsgeschichte unter die Schuld der Menschen trat und sie trug. Dieses Zeichen gibt Christus, wenn er die Schürze umbindet und den Dienst des Sklaven versieht. Und es gibt keine Ordnung zwischen Gott und den Menschen mehr und keine Ordnung zwischen den Menschen und keinen Sinn im Dasein des einzelnen abseits der Tatsache, daß Christus dies getan hat.
Wer an die Grenze gerät, an die Grenze seiner Kraft, seiner Zeit, an die Grenze des Schönen und Festlichen in seinem

Fußwaschung
aus dem Altar des Meisters der goldenen Tafel von Lüneburg, um 1420

Hannover, Landesgalerie. Foto: Atelier Nölter, Hannover

Leben, fragt nach dem Sinn, den all dies haben oder gehabt haben möchte. Daß er so fragt, ist unvermeidlich. Aber es ist ebenso unvermeidlich, daß er auf diese seine Frage nie eine Antwort erhält. Denn alle Antworten, die von einem Sinn im Leben sprechen, gelten nur so lange, bis einer weiterfragt. Wenn der Sinn Arbeit sein soll, warum dann Arbeit? Wenn Gerechtigkeit, wenn Höherentwicklung der Menschheit, wozu dann Gerechtigkeit, wozu Höherentwicklung? Wenn »Reich Gottes« der Name sein soll, der den Sinn birgt, wozu dann das »Reich Gottes«? Wer braucht es? Und warum muß ein Gott, warum ein Mensch sein, dem das Reich Gottes dienlich sein soll? Wer nach dem Sinn fragt, fragt nach dem Ganzen des Daseins, und er wird daran scheitern, daß dem Menschenherzen und dem Menschengeist das Ganze zu groß, zu fern und zu fremd ist, und weil die Absicht, die Gott mit diesem Menschen haben könnte, eben die Absicht Gottes ist. Es gibt keine einleuchtende Antwort auf die Frage nach dem Sinn, auch keine christliche.

Ich weiß, daß es eine Grenze auch für alle frommen Worte gibt. Ich weiß, daß Menschen so über das Maß ihrer Kraft und ihres Glaubens geschunden und getreten sein können, daß ein Wort sie nicht mehr erreicht, und ein Wort, das von Glauben oder Hoffen spricht, schon gar nicht.

Ich weiß aber auch, nein, ich glaube es – wenn überhaupt am christlichen Glauben ein Wort wahr ist –, daß kein Weg eines Elenden und Verlassenen im Elend und in der Verlassenheit enden muß. Womit man das belegt? Es gibt keinen Beleg außer der Liebe, die uns von Christus entgegenkommt, und der Liebe Gottes, von der er spricht. Wem sollten wir es abnehmen, wenn nicht ihm?

Denn es gibt – ohne allen christlichen Glauben – eine Bedingung, unter der die ewige, angstvolle Frage nach dem Sinn unter den Menschen zur Ruhe kommt: daß ein Mensch sich geliebt weiß und daß seine Liebe gebraucht wird. Das ist kein Beweis für die Liebe Gottes, aber es ist ein Zeichen, wie es um uns Menschen und den Sinn unseres Lebens bestellt sei, auch wo er bei vielen nicht sichtbar ist.

Albrecht Goes schreibt einmal:
»... Liebende vertrauen. Und liebend auch vertrau'n sie ihrem Los. Es ist nicht feind. Es ist nur wunderseltsam.«

Sinnvoll – sagt der christliche Glaube – ist ein Leben unabhängig von allem anderen dann, wenn es auf ein Du zulebt, das liebt und geliebt wird. Sinn-los wird ein Leben nicht dann, wenn es geistig erkrankt, wenn es das Leben eines Blinden, Tauben, Alten oder Hilflosen ist, sondern dann, wenn es um sich selbst kreist, wenn es in der Einsamkeit seines Selbsterhaltungswillens verharrt.

»Sinnvoll« – da das Lieben und Geliebtwerden mit dem Opfer und dem Geopfertwerden zusammenhängt – wäre dann ein Leben in dem Maß, in dem es um der Liebe willen zu leiden bereit wird. Denn es geht in dem, was die Bibel Liebe nennt, um mehr als um das beglückende Gefühl, es geht um das Brauchen und Gebrauchtwerden, um das Nötigsein und das Bedürfen.

Wer niemanden um seines Lebens willen nötig hat, ist arm, ist »elend«. Wer von niemandem gebraucht wird, ist noch ärmer. Es ist kaum ein Schicksal schwerer als das Schicksal derer, die niemand braucht. Glücklich sein heißt, empfangen, was das Herz braucht. Und Erfüllung finden heißt, gebraucht werden und geben können, was nur die Liebe zu geben vermag.

Eben diese Grundordnung unseres Lebens hat Christus aufgedeckt. Das ist das »Zeichen«, das »Beispiel«, das er gab, als er seinen Jüngern die Füße wusch.

Ambrosius betet:

O Herr, nimm dieses Herz von Stein und gib mir ein menschliches Herz: ein Herz, dich zu lieben und zu verehren, ein Herz, in dir mich zu freuen, dich nachzuahmen und dir zu gefallen um Christi willen!

Und Christian Morgenstern schreibt:

Aus der ach so karg gefüllten Schale unseres Herzens
laßt uns Liebe schöpfen, wo nur immer einer Seele
Schale leersteht und nach Liebe dürstet.
Nicht versiegen drum wird unsre Schale,
steigen wird die so geschöpfte Flut, nicht fallen.
Fülle wird das Los des so verschwenderischen Herzens.

Pearl S. Buck:
Die gefährlichsten Herzkrankheiten sind immer noch Haß, Neid und Geiz.

In jener Stunde, in der Christus seinen Jüngern die Füße wäscht und so das Zeichen der Liebe und des Opfers gibt, spricht Christus von Brot und Wein. An dem Meister, der sich niederbeugt, sollten die Jünger ihre Maßstäbe für groß und klein, hoch und niedrig, wahr und falsch abnehmen, und nun geht er einen Schritt weiter und gibt, indem er von Brot und Wein spricht, dem Geheimnis des Opfers aus Liebe, das von Gott her geschieht, eine greifbare Deutung.
Es ist die Stunde des Abendmahls. »Und er nahm Brot, sprach den Lobgesang, brach das Brot und gab es den Jüngern: Nehmt und eßt! Das ist mein Leib! Und er nahm einen Kelch, dankte und gab ihn seinen Jüngern mit den Worten: Trinket alle daraus! Das ist mein Blut, das Zeichen neuer Gemeinschaft zwischen Gott und euch. Denn dieses Blut wird für viele vergossen, damit sie frei werden von ihrer Schuld, die sie von Gott trennt.«
Noch am selben Abend fährt Christus fort: »Ich bin der Weinstock, ihr seid die Reben. Wer in mir bleibt und ich in ihm, der trägt viel Frucht, denn ohne mich könnt ihr nichts tun. Wie mich der Vater geliebt hat, so habe ich euch geliebt. Bleibet in meiner Liebe.«

Es läuft alles, Bild für Bild, Wort für Wort, wie ein Gewebe dicht ineinander. Christus ist der Wein, der getrunken wird. Er ist aber auch der Weinstock. Wir sind die Reben, und die Frucht, die wir bringen sollen, die Traube, soll wiederum Wein werden, Wein, der getrunken wird. Die Frucht ist Christus. Der Wein, der in unserer Gemeinschaft mit Christus reifen soll, ist Christus. Wer an Christus bleibt, bringt das Geheimnis des Opfers Christi zur Welt, bringt es ans Licht, macht es gegenwärtig und greifbar als Frucht seines eigenen Geschicks, seines Glaubens und seines Opferwillens. Daß wir »in Christus verwandelt werden«, daß wir »seinem Tode ähnlich werden«, sagt Paulus, ist der Sinn des Glaubens.

Und dann das Brot: Auch das Brot ist Frucht, und es wächst aus dem Opfer, dem Sterben, der Hingabe des Korns. Das Weizenkorn ist Christus. Das Brot ist Christus. Und wieder sollen wir, die wir ihm ähnlich werden wollen, uns als Weizenkorn in die Erde fallen lassen, damit Brot wächst. Wir sollen uns der Erde anvertrauen in der Hoffnung auf ewige Frucht.

Wo geliebt wird, kommt die Frage nach dem Sinn zur Ruhe. Wer liebt und geliebt wird, wie Christus es gezeigt hat, findet in den Zeichen von Brot und Wein das uns Menschen zugemessene Maß an Einsicht in den Sinn des Lebens und des Todes.

Jochen Klepper schreibt:

> Ich weiß nicht, hat es Sinn
> und lohnt es, daß ich lebe
> nur, weil mein Herz noch schlägt?
> Ich weiß nur, daß ich Rebe
> voll späten Weines bin.
> Ich weiß nicht, soll ich sein?
> Ich weiß nur, daß die Erde
> mich Korn im Schoße hält,
> damit zu Brot ich werde.
> Gott spricht aus Brot und Wein.

Und Christian Morgenstern:

> Stilles Reifen.
> Alles fügt sich und erfüllt sich,
> mußt es nur erwarten können
> und dem Werden deines Glückes
> Jahr und Felder reichlich gönnen.
> Bis du eines Tages jenen
> reifen Duft der Körner spürest
> und dich aufmachst und die Ernte
> in die tiefen Speicher führest.

Notker Labeo vor 1000 Jahren:

> Traube war ich.
> Getreten bin ich.
> Wein werde ich.

Und Augustin:

> Wer zum Dienste Gottes herantritt,
> der wisse, daß er zur Kelter gekommen ist:
> Er wird bedrängt, niedergetreten, zerstampft,
> aber nicht, um in dieser Welt zugrunde zu gehen,
> sondern um hinüberzufließen
> in die Weinkammern Gottes.

Wer kann eigentlich trösten? Keiner der Jünger hat ein Wort des Trostes für den Meister, der seinen schweren Weg geht. Der Meister tröstet die Jünger, denen doch niemand ein Haar krümmt. Das ist nicht zufällig.
Keiner kann trösten, der von oben herab oder von außen redet. Nur der tröstet, der tiefer steht als der Getröstete, nicht weil er sich mit dem Leidenden auf eine Stufe stellen will – das hilft nicht –, sondern weil er sein eigenes Leid erfährt und weil er es in Liebe verwandelt hat. Das ist das Tröstliche an Christus, daß er es von der untersten Sohle des

Leids her sagt: »Ich bin das Brot des Lebens, wer davon ißt, wird leben in Ewigkeit.«
»Ich bin der Weinstock. Ihr seid die Reben. Wer in mir bleibt und ich in ihm, der trägt viel Frucht.«
Der Tröster ist der Geist, sagt Christus. Der Geist – das ist das Geheimnis der Nähe Gottes in Christus. Und er ist das Geheimnis unseres Auftrages, stellvertretend in dieser Welt für Christus zu sprechen. Wo stellvertretend gewirkt, gesprochen, gelitten wird, ist der Geist. Der Tröster.
Es gibt Hindernisse, die der Tröster nicht überwindet. Eines davon ist die seltsame Meinung, der Mensch, der sich selbst achtet, könne und dürfe sich nicht in den Niederungen des Leides, des Jammers und des Unvermögens zeigen. Eines der Hindernisse, über denen das Leid trostlos und das Trösten machtlos wird, ist der Stolz. Es gilt zu verstehen, daß der Stolz uns nicht etwa zu Menschen macht, daß er uns vielmehr daran hindert, Menschen zu sein, und daß es der Stolz ist, der die Kammer des Leids in das Gefängnis der Verzweiflung verwandelt.

Christian Morgenstern spricht es so aus:

> Das ist der Ast in deinem Holz,
> an dem der Hobel hängt und hängt:
> dein Stolz,
> der immer wieder dich
> in seine steifen Stiefel zwängt.
> Du möchtest auf den Flügelschuhn
> tiefinnerlichster Freiheit fliehn,
> doch ihn
> verdrießt so bitterlich
> kein ander unabhängig Tun.
> Er hält dich fest; da stehst du starr:
> dürrknisternd-widerspenstig Holz:
> ein stolz-
> verstotzter Stock, ein sich
> selbst widriger Hanswurst und Narr.

Und dabei gäbe es etwas sehr Einfaches und unendlich Befreiendes zu tun: nämlich die Unansehnlichkeit des eigenen Menschen anzunehmen samt allem Unfertigen, Törichten und Mißglückten und sich dem Wort und Willen Gottes so schlicht und erwartend als möglich anzuvertrauen. Der Mystiker Johannes Tauler schreibt im 14. Jahrhundert:
»Das Pferd macht den Mist im Stalle, und obgleich der Mist einen Unflat und Stank an sich hat, so zieht dasselbe Pferd doch den Mist mit großer Mühe auf das Feld, und dann wächst daraus edler, schöner Weizen und der edle, süße Wein, der nimmer so wüchse, wäre der Mist nicht da. Also trage deinen Mist – das sind deine eigenen Gebrechen, die du nicht abtun und ablegen noch überwinden kannst, – mit Müh und mit Fleiß auf den Acker des liebreichen Willens Gottes in rechter Gelassenheit deiner selbst.«
Was dieser Gelassenheit ihre Grundlage gibt, was dem Verzicht auf den Stolz seinen Hintergrund verschafft, was dem Glauben Gewißheit verleiht, ist die Tatsache, daß ja nicht wir es sind, die Christus als Leitbild und Meister heranziehen, daß vielmehr Christus es ist, der uns zu sich stellt. Er sagt in derselben Rede: »Nicht ihr habt mich erwählt, sondern ich habe euch erwählt und dazu bestimmt, daß ihr hingeht und Frucht bringt und daß eure Frucht bleibt.«
Vor diesem Wort, vor diesem Hintergrund gibt es keine menschliche Armseligkeit oder Unansehnlichkeit, aus der nicht noch Frucht wachsen könnte: nämlich Trost. »Wir sind der Schmutz, den man aus der Welt ausfegt, damit die Welt rein wird«, sagt Paulus, »und der Mülleimer aller Leute«, und darin sind wir der Trost der Welt.

Er schreibt:

»Ich rühme Gott, den Vater unseres Herrn Jesus Christus, den Vater, der barmherzig ist, von dem aller Trost kommt. Er tröstet mich in meinem Elend, so daß auch ich die trösten kann, die im Jammer leben. Ich brauche nur den Trost weiterzugeben, den ich selbst von Gott empfange. Denn was Christus durchlitten hat, kommt nun über mich wie eine Flut, und der Trost, daß ich dies alles mit ihm zusammen leide, kommt den anderen zugute. Wenn ich im Elend bin, dann liegen darin Trost und Heil für euch, und wenn Gott mich tröstet, dann tut er auch dies, weil er euch trösten will.«

Christus spricht:

Ein Beispiel habe ich euch gegeben,
und ihr sollt tun, was ich tat.
Ich bin das lebendige Brot, das vom Himmel gekommen ist.
Wer von diesem Brot essen wird, wird leben in Ewigkeit.
Ich bin der Weinstock, ihr seid die Reben.
Wer in mir bleibt und ich in ihm,
der bringt viel Frucht,
denn ohne mich könnt ihr nichts tun.

»Die treuen Begleiter«

nannte ein Dichter die Lieder des Gesangbuchs. Vermutlich kannte er viele von ihnen auswendig. Denn Begleiter werden uns nur Gedanken, Worte und Verse, die auch ohne Schrift bei uns sind und die sprechen, wenn wir unsere Gedanken nicht mehr in ein eigenes Wort fassen können.

»Befiehl du deine Wege« ist ein solches Lied.
Auch: »Du großer Schmerzensmann«.
oder auch: »Erneure mich, o ewigs Licht«.

Eines der Lieder, die sich vor anderen eignen, zu »Begleitern« zu werden, ist das folgende von Gerhard Tersteegen:

> Gott ist gegenwärtig.
> Lasset uns anbeten
> und in Ehrfurcht vor ihn treten.
> Gott ist in der Mitten.
> Alles in uns schweige
> und sich innigst vor ihm beuge.
> Wer ihn kennt,
> wer ihn nennt,
> schlag die Augen nieder;
> kommt, ergebt euch wieder.
> Wir entsagen willig
> allen Eitelkeiten,
> aller Erdenlust und -freuden;
> da liegt unser Wille,

Seele, Leib und Leben
dir zum Eigentum ergeben.
Du allein
sollst es sein,
unser Gott und Herre,
dir gebührt die Ehre.

Luft, die alles füllet,
drin wir immer schweben,
aller Dinge Grund und Leben,
Meer ohn Grund und Ende,
Wunder aller Wunder,
ich senk mich in dich hinunter.
Ich in dir,
du in mir!
Laß mich ganz verschwinden,
dich nur sehn und finden.

Du durchdringest alles;
laß dein schönstes Lichte,
Herr, berühren mein Gesichte.
Wie die zarten Blumen
willig sich entfalten
und der Sonne stille halten,
laß mich so
still und froh
deine Strahlen fassen
und dich wirken lassen.

Mache mich einfältig,
innig, abgeschieden,
sanft und still in deinem Frieden.
mach mich reines Herzens,
daß ich deine Klarheit
schauen mag in Geist und Wahrheit;
laß mein Herz
überwärts
wie ein Adler schweben
und in dir nur leben.

Herr, komm in mir wohnen,
laß mein' Geist auf Erden
dir ein Heiligtum noch werden;
komm, du nahes Wesen,
dich in mir verkläre,
daß ich dich stets lieb und ehre.
Wo ich geh,
sitz und steh,
laß mich dich erblicken
und vor dir mich bücken.

»Allein zu dir, Herr Jesu Christ, mein Hoffnung steht auf Erden«, sangen wir in den elendesten Nächten der Gefangenschaft. »Aus tiefer Not schrei ich zu dir, Herr Gott, erhör mein Rufen«, ist ein anderes Lied dieser Art.

Oder:

»Herr, meinen Geist befehl ich dir;
mein Gott, mein Gott, weich nicht von mir,
nimm mich in deine Hände.
O wahrer Gott,
aus aller Not
hilf mir am letzten Ende.«

Oder die Verse Paul Gerhardts:

Alles vergehet.
Gott aber stehet
ohn alles Wanken;
seine Gedanken,
sein Wort und Wille hat ewigen Grund.
Sein Heil und Gnaden,
die nehmen nicht Schaden,
heilen im Herzen
die tödlichen Schmerzen,
halten uns zeitlich und ewig gesund.

Kreuz und Elende,
das nimmt ein Ende;
nach Meeresbrausen
und Windessausen
leuchtet der Sonnen gewünschtes Gesicht.
Freude die Fülle
und selige Stille
hab ich zu warten
im himmlischen Garten;
dahin sind meine Gedanken gericht'.

Wort eines indischen Christen:

»Der Glaube ist der Vogel, welcher singt,
wenn die Nacht noch dunkel ist.«

Und Bernhard von Clairvaux:

Das Kreuz Christi ist eine Last von der Art,
wie es die Flügel für die Vögel sind.
Sie tragen sie aufwärts.

DAS OPFER DES WILLENS

Das Alte Testament erzählt von dem großen Zug der Israeliten in die Freiheit, einem Zug durch die Wüste. Nach Monaten des Hungers, des Dursts und der Entbehrungen gelangen sie an ein Gebirge und rasten zwischen Wüstensand und Fels. Mose, der sie führt, steigt zum Gipfel hinauf, um von Gott Weisung zu erhalten, was er und das Volk nun tun sollen. Aber als Mose oben bleibt und nicht wieder herabkommt, Woche um Woche, fragt man sich im Volk: Wer weiß, was mit ihm geschehen ist? Vielleicht hat er Gott dort oben gar nicht gefunden? Vielleicht hat Gott ihn und uns verlassen? Laßt uns einen anderen, einen neuen Gott machen! Und sie gießen miteinander das berühmte goldene Stierbild.
Da spricht Gott auf dem Gipfel zu Mose: »Geh! Sieh zu, wo du und das Volk, das du aus Ägypten hergeführt hast, künftig bleiben! Ich werde nicht mehr bei euch sein.« Es ist, als werfe Gott das ganze Volk Mose vor die Füße: Da! Nimm! Das ist nicht mein Volk, das ist das deine.
Aber da steht Mose auf, nimmt es gleichsam seinerseits in die Hand und wirft sein Volk und sich selbst Gott vor die Füße: »Wenn du diesem Volk nicht vergeben willst, dann streiche auch mich aus dem Buch, das du geschrieben hast. Wenn du nicht mit uns ziehst, werde auch ich nicht weiterziehen.« Und Gott gibt zur Antwort: »Ja, ich will euch wieder führen. Mein Angesicht soll mit euch sein.«
Aber Mose weiß, daß dieser Weg wieder durch Durst und Hunger und über steinigen Boden führen wird. Er weiß, daß der Wille der Menschen zu schwach ist, ihn zu gehen. Er bedarf eines Zeichens. Er will sehen, daß Gott da ist, daß

Gott die Macht hat und zu ihm stehen wird, und fordert: »Wenn du mich erhört hast, dann – laß mich deine Herrlichkeit sehen!«

Die Antwort war: »Ja, ich will vor deinem Angesicht alle meine Herrlichkeit vorübergehen lassen, so daß du erkennst, wer ich bin. Aber mein Angesicht kannst du nicht sehen, denn kein Mensch bleibt am Leben, der mich sieht. Es ist aber ein Raum bei mir, da sollst du auf dem Felsen stehen, und wenn meine Herrlichkeit vorübergeht, will ich dich in die Felskluft stellen und dich mit meiner Hand bedecken, bis ich vorübergegangen bin. Dann will ich meine Hand wegnehmen, und du darfst hinter mir her sehen. Aber mein Angesicht kannst du nicht schauen.«

Das alles bedeutet: Es ist ein Raum bei mir. Du kannst auf einem Felsen stehen. Ich lasse dich nicht sinken und nicht fallen. Aber ich werde dich in eine Kluft stellen, in die kein Licht fällt, an einen Ort der Enge und der Bedrängnis, und die kalten, dunklen Steinwände werden über dich her hängen, als wollten sie dich begraben. Den letzten Spalt, durch den du meine Herrlichkeit sehen könntest, will ich noch dazu mit meiner Hand verdecken. Dann werden es nicht die Steine sein, die deinen Platz so dunkel machen, nicht deine Angst oder dein überschwerer Auftrag. Was dir mein Licht verdeckt, das bin ich selbst, und so, während du wie begraben bist, will ich dir ganz nahe sein. Und wenn ich danach meine Hand abziehe, wirst du erkennen, daß hier nicht irgendein Schicksal war, sondern Gott. Und anders als so, im Rückblick, kann man Gott in dieser Welt nicht schauen.

Es ist jene Zeit des Aufbruchs, in der der Wille Gottes die steinerne Form der Tafeln des Mose annahm und die steinige Gestalt einer unendlichen Straße durch die Wüste. Der Mensch, der jenen Aufbruch zu verantworten hat, will gewiß sein, daß dies alles dem guten, gnädigen Willen Gottes entspricht. Er ist bereit, daraufhin zu gehorchen und seinen eigenen Willen in den Willen Gottes einzubringen. Aber Gott will das Opfer des menschlichen Willens schon in der Felskluft.

Als Christus am Anfang seines Werks stand, redete in der Wüste der Teufel mit ihm. Auch dort ging es darum, den Willen Gottes und den Willen eines Menschen in Einklang zu bringen. Als sein Werk abgeschlossen war, ging es aufs neue um den Willen Gottes und um den seinen: es ging darum, in welchem Maß er bereit war, dem Willen Gottes leidend Raum zu geben.

Der Meister der Goldenen Tafel von Lüneburg malt die Geschichte vom Gebet Jesu im Garten Gethsemane, wie man sie zu seiner Zeit zu malen pflegte: nicht eigentlich als eine Geschichte, sondern als ein Andachtsbild, das den Beschauer in das Geschehnis einbezieht. Wer schläft so sitzend? Die drei Jünger schliefen ganz gewiß anders. Aber da der Beschauer vor dem Bild sitzt und in den schlafenden Gestalten sich selbst wiederfinden soll, sitzen sie gleich ihm. Petrus im blauen Mantel, Jakobus im roten und Johannes mit dem Buch seines Evangeliums auf den Knien, an ein Stück Erde gelehnt, als sitze er in einer Kirchenbank. Und nicht, wie erzählt ist, »einen Steinwurf weit« ist Christus weggegangen, um zu beten, er kniet vielmehr unmittelbar neben Johannes, die Hände aneinandergelegt.
Die Abschiedsreden sind gesprochen. Von Brot und Wein war die Rede und von dem Tröster, dem Heiligen Geist, der bei den verlassenen Menschen sein werde. Und nun wird der Garten, der das ganze Jahr über grau und staubig, aber gerade in der Passionszeit ein blühendes Paradies ist, zu der »Wüste«, in der es um den Willen Gottes geht. Die Freunde weilen in einer Ferne, als gäbe es sie nicht, und Christus hat es allein noch mit Gott zu tun.
»Gethsemane« besteht nicht darin, daß Gott nicht da wäre, sondern daß er offenbar anderes will als der Mensch. Die Ferne zu Gott liegt nicht in seinem Schweigen, sondern in seiner Zumutung. Sie liegt darin, daß Gott seine Hand auf die Felskluft legt, in der der Mensch sich ängstet, und daß

seine Nähe so viel Dunkelheit bringt. »Mein Vater, ist's möglich, so gehe dieser Kelch von mir.« Und wieder: »Vater, ist's möglich, so erlaß mir's, diesen Kelch zu trinken. Doch nicht mein Wille, sondern dein Wille geschehe.« Und während der goldene Kelch des Leidens und der Angst auf einem kleinen Erdvorsprung steht und der Vater sich vom Himmel herabwendet, schließen sich die Hände zu der Geste, die von jeher ein Zeichen der Ergebung und der Wehrlosigkeit war und als solche zur Geste des Gebets geworden ist.

In der äußersten Dunkelheit ist nichts anderes möglich, als Gott handeln zu lassen. Nicht, daß man das Notwendige nicht noch selbst zu tun hätte, aber man legt die Verantwortung für alles Weitere dorthin, wo die größere Klarheit, die größere Macht und das genauere Ziel sind, bei dem Willen, hinter dem die Macht steht, und bei der Macht, der sich anzuvertrauen Sinn hat. Wer das tut, resigniert nicht. Er gibt die Verantwortung Gott zurück und wirkt doch an Gottes Plan mit. Der Zweifel und die Depression entstehen gerade dort, wo einer den eigenen Willen durchhalten will und es nicht kann.

Zu Mose sagte Gott: »Wenn ich meine Hand abziehe, kannst du hinter mir her sehen.« Johannes, der zur Stunde im nächtlichen Garten schläft, wird kurze Zeit später, als Gott die Hand wegnahm, sagen: »Wir sahen seine Herrlichkeit!« Er wird verstehen, warum Christus, der den dunklen Ort in der Felskluft kannte, sagen konnte: »Ich bin das Licht der Welt. Wer mir nachfolgt, wird nicht wandeln in der Finsternis, sondern wird das Licht des Lebens haben.«

Luther schreibt: »Wer ein Christ sein will, der lerne, sich der Sorgen und ängstlichen Gedanken zu entschlagen und sie frisch und getrost von sich zu werfen. Nicht in einen Winkel, wie etliche vergeblich meinen, denn sie lassen sich nicht so hinwerfen; sie stecken im Herzen. Sondern sein Herz mit seinen Sorgen Gott auf den Rücken zu werfen, denn er hat

Gebet Jesu in Gethsemane
aus dem Altar des Meisters der goldenen Tafel von Lüneburg, um 1420

Hannover, Landesgalerie. Foto: Atelier Nölter, Hannover

einen starken Hals und Schultern, daß er es wohl tragen kann. Außerdem hat er es geboten, sie ihm aufzuladen, und er verheißt dir auch, daß er die Sorge für dich und alles, was dir aufliegt, tragen will. Ach! Wer dieses Werfen lernen könnte, der würde erfahren, daß es gewiß also sei. Wer aber solches Werfen nicht lernt, der muß bleiben ein verworfener, zerworfener, unterworfener, ausgeworfener, abgeworfener, umgeworfener Mensch.«
Es geht im entscheidenden Augenblick nicht um die Nervenkraft und nicht um die des Willens. Es geht darum, ob jemand sagen kann: Mein Vater. Es gibt zuletzt keine Rettung außer dem Gebet.

»Es schreie ein jeder zu Gott«, sagt Martin Buber, »und erhebe sein Herz zu ihm, als hinge er an einem Haar und der Sturmwind brauste bis zum Herzen des Himmels, bis daß er nicht wüßte, was er tun solle, und beinahe keine Zeit mehr hätte zu schreien. Und in Wahrheit ist ihm kein Rat und keine Zuflucht als einsam zu werden und seine Augen und sein Herz zu Gott zu erheben und zu ihm zu schreien. Das tue man zu jeder Zeit; denn der Mensch ist in der Welt in großer Gefahr.«

Und Christian Morgenstern schreibt:

> Wenn die Rosen
> um deine Stirn, Mensch,
> nicht Blutstropfen sind,
> wirst du nicht wissen,
> warum du lebst,
> bleibst du ewig ein Kind,
> Mensch.

Wer durch längere Zeit keinen Schlaf findet, wird es sehr schwer haben, zu singen wie der Vogel jenes Inders, solange die Nacht dunkel ist. Denn wenn es irgendwo ein Einfallstor für wirkliche dämonische Mächte gibt, dann in der schlaflosen Nacht. Am Tage vertreibt man sie, indem man etwas tut. Solange man seine Kräfte regt, ist man der Gefahr gewachsen. Bei Nacht ist alles schwärzer. Es wird gefährlich, hoffnungslos, tödlich. Was tun? Was hilft gegen »den Teufel«?

Nicht die »Geduld«. Wer sich »in Geduld übt«, wie man sagt, das heißt in der Kraft, gegen seinen Willen etwas zu ertragen oder durchzuhalten, staut nur die Ungeduld auf. Es gibt durchaus Übungen, aber ihr Ziel kann nicht die »Geduld« sein, sondern die Übereinstimmung mit dem Willen Gottes.

Sich sagen: »Gott hat Zeit. Ich habe gleich ihm Zeit.« Das muß der lernen, dessen Tag oder Nacht ihn zur Untätigkeit zwingt. »Gott hat viel Raum, und ich habe gleich ihm Raum«, das muß der sich sagen, dem die Angst den Hals zuschnürt. »Jetzt verlangt Gott von mir nichts als dieses eine. Er verlangt nicht, daß ich mehr bin als ich bin, daß ich etwas tue, was ich nicht kann, daß ich etwas sage oder denke, das meinem Herzen unerreichbar ist.«

Dies zu verstehen, ist der Anfang auch des Schlafs und darum eine Quelle der Kraft. Es ist der Anfang, aus dem die Gleichheit des Willens mit dem Willen Gottes erwächst, in der man sprechen kann: Nichts braucht zu geschehen als dein Wille.

Dietrich Bonhoeffer schreibt:

Nicht die ungelösten Rätsel der Vergangenheit lösen und in quälende Grübelei fallen sollen wir, sondern das Unbegreifliche stehen lassen und friedlich in Gottes Hand zurückgeben.

Und Martin Luther betet:

Lieber Vater, wiewohl ich nicht weiß, wo ich hinfahren soll

oder wo die Herberge ist, will ich doch wieder an dem Wort hangen, weil ich nun einmal versucht habe, was der Glaube ist. Du hast mir fortgeholfen, da ich's auch nicht sehen oder begreifen konnte, so wirst du auch jetzt helfen.
Und: Herzliebster Herr Jesu, was für ein großer Stein schwerer Anfechtung und Gedanken liegt auf meinem Herzen! Ach, meine Seele ist mit Traurigkeit beladen und bedeckt, daß der Trost deines süßen Evangeliums nicht hineinfließen kann. Erbarme dich mein! Lege deine starke Hand an und hebe den großen Angst- und Trauerstein von meinem Herzen! Nimm weg meine Anfechtung und große Schwermut, daß ich Luft kriege, daß mein Geist wieder lebendig werde und meine Seele und Leib in dir, o lebendiger Gott, sich zeitlich und ewig freuen möge. Amen.

Wer sein Werk aus irgendeinem Grunde aus der Hand legen mußte, ist berufen, anderer Menschen zu gedenken. Seine Aufgabe ist die Fürbitte, und zwar in dem besonderen Sinn, daß er stellvertretend für die anderen mit dem Willen Gottes eins werden und dann für sie eintreten soll. Etwa so kann das lauten:

Herr, dir vertraue ich sie an, alle, die ich liebhabe.
Bewahre ihnen deine Liebe.
Schütze sie vor Verstrickungen und segne ihr Werk.
Führe sie, auch wo sie deinen Weg nicht sehen.
Stärke sie, wenn Kummer ihre Seele lähmt.
Laß sie im Frieden schlafen
und gib ihnen jeden Morgen neu das Licht.
In Not und Gefahr sei du ihr Helfer.
Laß sie deiner Ernte entgegenwachsen
und reif werden für dein ewiges Reich.
Und laß uns in Ewigkeit bei dir vereint
deinen Namen preisen.

»Bete jeden Morgen«, sagt der Maler Ludwig Richter, »und weißt du nicht, wie, so sprich das Vaterunser. Da ist alles in Fülle, was das Menschenherz braucht, um selig zu sein.«

Es gibt nichts, das so weit trüge wie das Vaterunser. Nichts schafft den gemeinsamen Willen zwischen Gott und uns so nachhaltig. Und wenn es kein anderes Wort mehr gibt, das sammeln, heilen oder klären könnte, dann soll man mitten hinein in das Gewirr der Gedanken diese einfachen Worte nachsprechen. Es werden keine Rätsel gelöst. Aber es tritt Klarheit ein und, vielleicht, ein wenig Frieden.
Oder man spreche den Segen. Was ist »Segen«? Ein Acker ist trocken. Es liegt Saat in ihm, aber es ist trocken. So wächst nichts. Nun setzt Regen ein, die Saat geht auf und wächst. Der Regen segnet, das heißt: er hilft, daß etwas aufgeht, daß etwas wächst, daß etwas gedeiht. Wenn Gott seinen Segen über uns ausspricht, dann wächst etwas in uns, es gedeiht etwas, es reift Frucht. Es wächst aus Arbeit und Leid, aus Fröhlichkeit und Stille die Frucht für dieses Leben und für die Ewigkeit. Der Same springt auf und wird frei, und aus einer Erde, aus der scheinbar nichts zu erwarten war, wächst Vertrauen, wächst Dankbarkeit.
Das heißt segnen. Jeder, der weiß, was er damit tut, darf dem anderen zusprechen: »Es segne und behüte dich Gott, der Allmächtige und Barmherzige, der Vater, der Sohn und der Heilige Geist.« Oder: »Der Friede Gottes, der so viel höher ist, als unsere Gedanken reichen, sei ein Schutzwall und eine Wacht um eure Herzen und Gedanken, daß nichts und niemand euch von Jesus Christus trennen möge.«

Es gibt Worte zur Einübung des eigenen Willens in den Willen Gottes:

Gleichwie ein leichtes Blatt – also gelassen schwebet
in Gottes Luft mein willenloser Sinn.
Kein Wollen sonst in mir als Gottes Wollen lebet,
sein kleinster Wink bläst meinen Willen hin,
zu lassen und zu tun, zu leiden oder nicht.
Es ist mir alles eins, Herr, wenn dein Will' geschicht.

Tersteegen

Was gewesen, werde stille,
stille, was dereinst wird sein.
All mein Wunsch und all mein Wille
geh in Gottes Willen ein.

Zeig uns dein väterliches Walten,
bring Angst und Zweifel selbst zur Ruh!
Du wirst allein ganz recht behalten.
Herr, mach uns still und rede du.

Das ist Gottes Art, daß er aus nichts etwas macht. Alles, was er brauchen will, macht er zuerst zu nichts.

Du, der sich gründet vor aller Zeit,
der in sich mündet in Ewigkeit,
den wir nicht fassen und nicht verstehn:
Wollst uns nicht lassen,
nicht von uns gehn!

Du, der über uns ist,
du, der einer von uns ist,
du, der ist – auch in uns;
daß alle dich sehen – auch in mir,
daß ich den Weg bereite für dich,
daß ich danke für alles, was mir widerfuhr;
daß ich dabei nicht vergesse der anderen Not.
Behalte mich in deiner Liebe,
so wie du willst, daß andere bleiben in der meinen.
Möchte sich alles in diesem meinem Wesen
zu deiner Ehre wenden,
und möchte ich nie verzweifeln.
Denn ich bin unter deiner Hand,
und alle Kraft und Güte sind in dir.
Gib mir einen reinen Sinn – daß ich dich erblicke,
einen demütigen Sinn – daß ich dich höre,
einen liebenden Sinn – daß ich dir diene,
einen gläubigen Sinn – daß ich in dir bleibe.

Dag Hammarskjöld

Es ist, als hätte Dietrich Bonhoeffer das Bild von der Gefangennahme Christi vor Augen gehabt, als er im Blick auf seine eigenen Hände schrieb:
Wunderbare Verwandlung. Die starken, tätigen Hände
sind dir gebunden. Ohnmächtig, einsam siehst du das Ende
deiner Tat. Doch atmest du auf und legst das Rechte
still und getrost in stärkere Hand und gibst dich zufrieden.
Nur einen Augenblick berührtest du selig die Freiheit,
dann übergabst du sie Gott, damit er sie herrlich vollende.

Wie zur Einübung in Machtlosigkeit und Untätigkeit schreibt Kardinal John Henry Newman:
Herr, ich gebe mich dir. Ich vertraue dir ganz. Du bist weiser als ich. Du liebst mich mehr als ich selbst. Erfülle du deinen Willen in mir, was immer er sei. Wirke in mir und durch mich. Ich bin geboren, dir zu dienen, dir zu gehören, dein Werkzeug zu sein. Laß mich dein blindes Werkzeug sein. Ich will nicht sehen. Ich will nicht wissen. Ich verlange nichts, als daß du mich gebrauchst.

Damit lösen sich die Rätsel nicht, aber der Fragende wird aus dem Zwiespalt frei, in den ihn seine Frage gestürzt hat, und findet das Einvernehmen mit dem Willen Gottes, mit seinem Weg und Auftrag und mit sich selbst.

Gott spricht: Ich will dich führen den Weg, darinnen du mir gefällig wandelst. Dich dünkt, es sei verderbt, wenn es nicht geht, wie du denkst. Dein Denken ist schädlich und hindert mich. Es muß gehen nicht nach deinem Verstand, sondern über deinen Verstand. Senk dich in Unverstand, so gebe ich dir meinen Verstand. Unverstand ist der rechte Verstand. Nicht wissen, wohin der Weg führt, das ist recht wissen, wohin du gehst.
Martin Luther

Ich bin das Licht der Welt, sagt Christus.
Wer meinen Weg mit mir geht,
wird nicht in der Finsternis sein, sondern im Licht,
und wird das wahre Leben finden.

LEIDEN AN GOTT

Die Gewalt ist am Zuge. Die Soldaten der Tempelwache drängen in den Garten, Judas gibt ihnen das vereinbarte Zeichen, Petrus schlägt einen Augenblick um sich, Malchus bricht zusammen, – und wenige Minuten später wird es hier wieder still sein wie zuvor. Die Bewaffneten werden Christus gebunden weggeführt haben.

Der Betrachter solcher Szenen fragt sich – und nicht nur angesichts jener Gefangennahme in Gethsemane –, warum Gott nichts unternimmt. Warum sendet er nicht die »Legionen Engel«, von denen Christus spricht? Wenn er die Macht hat, warum siegt die Gewalt der Menschen? Wenn er die Wahrheit ist, warum siegt die Lüge, die Judas seinem Meister auf die Wange küßt? Denn dies ist ja das Beklemmende, daß Gott sie alle tun läßt, was sie tun. Er läßt den Häschern ihre Waffen, ihre Spieße, ihre Hellebarden. Er läßt ihnen ihre Blechkappen, durch die sie ebenso blind wie wehrhaft sind. Er läßt ihnen ihre Fackeln, die den Schutz des Wehrlosen, die Dunkelheit der Nacht, zerreißen. Er hindert auch den Christen, der seinen Verrat begeht, nicht an seinem Werk. Er hindert ebensowenig den anderen Christen, der in seinem leidenschaftlichen Einsatz für Christus sein Schwert in derselben Geste hochreißt wie der Soldat hinter ihm seine Fackel, seinen nicht minder schweren Verrat an der Sache Christi zu begehen. Und Gott läßt endlich die beiden Bedrohten ohne Schutz: den Landsknecht, der unter dem Schwert des Christen zusammenbricht und dabei unmöglich begreifen kann, worin dieser Begleiter Christi sich von anderen gewöhnlichen Gewalttätern unterscheide und was er ihm zu bringen habe, und den andern: Christus selbst.

Aber auch Christus handelt nicht. Er läßt seine linke Hand und seine Wange dem Verräter und berührt mit der rechten den Arm des Petrus, als sagte er eben das überlieferte Wort: »Stecke dein Schwert in die Scheide.« Danach werden diese Hände nichts mehr tun.

Die Passivität Christi, seine Bereitschaft, alles an sich geschehen zu lassen, sind zu verstehen. Sie sind sogar groß. Nicht zu verstehen ist die Passivität Gottes. Die leidenschaftliche, verzweifelte, anklagende oder fassungslose Frage, warum es denn in dieser Welt so viel Unrecht gebe, warum Gott sich nicht durchsetze oder wenigstens deutlicher bemerkbar mache und warum ihm an Gerechtigkeit so wenig gelegen sei, ist nicht einfach ein Zeichen für die Unbotmäßigkeit dessen, der so fragt, sondern zunächst ganz einfach ein Echo auf all das Böse, Törichte und Entwürdigende, das ohne sichtbaren Sinn tatsächlich geschieht. Im Gegenteil: Das Leiden an Gott ist vom Leben des Glaubens überhaupt nicht zu trennen. Man kennt alle die Berichte von Wundern, die Gott getan habe. Man bekennt sich zu diesem Gott, der fähig ist, Wunder zu tun. Aber dann ist Gott anders, ganz anders als alles, was man über ihn gelernt und von ihm bekannt hat. Wer Christus »nach-folgt«, wird auf diesem Wege Gott nicht verstehen, sondern desto mehr an ihm zu leiden haben.
Freilich, daß die Frage an Gott ihr Recht hat, ändert nichts an der Tatsache, daß sie in eine Sackgasse führt, daß sie keine Antwort erwarten darf. Wer die Frage nicht zurücknimmt, kommt über die Frage nicht hinaus. Auch Christus gibt keine wirkliche Antwort. Er spricht davon, im letzten Gericht werde Gerechtigkeit geschaffen, aber der Frager sucht Gerechtigkeit auf dieser Erde. Christus spricht vom Reich Gottes, aber der Frager meint das Leben auf dieser Erde. Christus sagt lediglich: Ich bin der Weg. Ich bin die Wahrheit. Ich bin das Leben. Das heißt: Ich selbst, mein Weg, mein Wort, mein Werk, mein Leiden und mein Tod sind die Antwort. Wer an sich geschehen läßt, was geschieht,

Gefangennahme Jesu
aus dem Altar des Meisters der goldenen Tafel von Lüneburg, um 1420

Hannover, Landesgalerie. Foto: Atelier Nölter, Hannover

wie ich, wer von sich wegsieht auf mich, wird seinen Weg finden. Er wird vertrauen und seine Frage zurückstellen, bis er die Antwort – schaut.

Aber der Zweifel an Gottes Gerechtigkeit, an seiner Bereitschaft, seine Macht zu gebrauchen, richtet sich ja nicht nur allgemein auf »das Böse« oder »das Sinnlose« in der Welt, er fragt:
Warum trifft dies gerade mich? Warum liege gerade ich hier? Und der Blick in die Vergangenheit bestätigt das Recht der Frage: Ich bin doch ohne Schuld! Und wenn ich nicht ohne Schuld bin, dann bin ich auch nicht schuldiger als die anderen. Warum wird der andere, der schlechtere, der ebenso schlechte, nicht bestraft?
Die Frage hat einen Schein von Recht. Aber der Fragende vergrößert die Last, die er zu tragen hat, um das Gewicht seines Vorwurfs und um die Last, die er sich selbst ist.

Angelus Silesius schreibt:

> Mensch, hüte dich vor dir. Wirst du mit dir beladen,
> wirst du dir selber mehr als tausend Teufel schaden.

Die Erfahrung zeigt, daß Menschen, die reich sind an der Fähigkeit, zu geben, zu lieben, zu opfern, diese Frage »Warum das mir?« nicht zu stellen brauchen, daß vielmehr der sie stellen muß, der dem Leben als Fordernder gegenübersteht und der den Anspruch erhebt, das Leben habe zunächst seinen Erwartungen gerecht zu werden, ehe er anfangen könne, sich hinzugeben. Die Last, die er sich selbst auflädt, ist der unbefriedigte Mensch in ihm, der ihn hindert, zu sein und zu tun, was er – trotz allem – noch sein und tun könnte.
Nikolaus von der Flüe, der große Seelsorger der Schweizer, gibt ein Gebet zur Übung im Zurechtrücken der Erwartungen:

> Mein Herr und mein Gott,
> nimm alles mir, was mich hindert zu dir.
> Mein Herr und mein Gott,
> gib alles mir, was mich fördert zu dir.
> Mein Herr und mein Gott,
> nimm mich mir und gib mich ganz zu eigen dir.

Die Apostelgeschichte erzählt von Paulus und seinem Begleiter Silas, sie seien vor Gericht ausgepeitscht und in ein Gefängnis geworfen worden. »In der Nacht aber rühmten Paulus und Silas Gott mit Lobgesängen, und die Gefangenen hörten zu.«

Die Warum-Frage wird nicht beantwortet, aber der Fragende braucht sie nicht mehr zu stellen. Er ist frei. Daß der Gebundene von seinen Fragen frei ist, das ist das Äußerste, das in dieser Welt zu erreichen ist. Die Einsicht in die Geheimnisse Gottes und die Lösung der Rätsel wird uns – vielleicht – die andere Welt gewähren.

> Herr Jesus Christus,
> du warst arm und elend,
> gefangen und verlassen wie ich.
> Du kennst alle Not der Menschen,
> du bleibst bei mir,
> wenn kein Mensch mir beisteht.
> Du vergißt mich nicht und suchst mich.
> Du willst, daß ich dich erkenne
> und mich zu dir kehre.
> Herr, ich höre deinen Ruf und folge,
> hilf mir!
>
> Dietrich Bonhoeffer

Warum muß ich das alles tragen?, fragt ein anderer und gibt sich selbst die Antwort: Es muß wohl die Strafe sein für dies und dies! Er klagt Gott nicht an, aber er macht aus Gott einen Schulmeister, der genau bemessene Prügel austeilt.

Es mag im einzelnen durchaus vorkommen, daß eine Sucht eine Krankheit nach sich zieht oder eine ungesühnte Schuld ein seelisches oder körperliches Leiden, aber die Krankheit ist dann nicht eine Strafe, sondern eine Folge der Schuld. Wir wissen nicht, wie Gott im einzelnen straft. Wir können nur sagen: Ob Schuld oder nicht – Gott schickt mir jedenfalls dies und dies. Das habe ich zu tragen. Daran habe ich zu arbeiten. Daran soll ich wachsen.
Und wenn tatsächlich Schuld mit im Spiel ist? Dann hilft es nicht, unter der »Strafe Gottes« zu stöhnen. Dann bleibt erst recht nichts anderes, als sich an den liebenden Gott zu wenden statt an den strafenden, und zu bitten: Vergib mir meine Schuld.

Als einer der führenden Männer der ersten Christenheit an eine Gemeinde schrieb, um sie in einer Verfolgung zu trösten, sprach er von den Leiden, »die über die Brüder in der ganzen Welt gehen«. Es kann nützlich sein, sich deutlich zu machen, wie viele Menschen es möglicherweise in der Welt gibt, die schwerer zu leiden haben als wir selbst. Man sollte eine Art wortloser Gemeinschaft mit allen Leidenden suchen, sein eigenes Leiden mit dem Leiden aller anderen zusammen Gott vor die Füße werfen und etwa sagen: Das alles kommt von dir. Gib uns allen die Kraft!
Diese Querverbindung ist auch deshalb nötig, weil ja keineswegs der Gesunde dem Kranken am besten zu helfen vermag, der Unbeschwerte dem Leidenden, der Fröhliche dem Schwermütigen. Vielmehr ist, wer eine Last trägt, auch eher fähig, ein Mitträger zu sein. Wer leidet, empfängt, wenn er es will, das Herz, das helfen kann, und empfängt damit zugleich Kraft auch für sich selbst. Wer selbst für sich keinen Ausweg sieht, findet die Tür, die ein anderer sucht, leichter, und vielleicht wird sie zu einer offenen Tür auch für ihn selbst.
Von Christus wurde gesagt: »Anderen hat er geholfen und kann sich selbst nicht helfen.« Und mit einem deutlichen Seitenblick auf Christus und die Christen bestätigt Nietzsche: »Es kann mancher seine eigenen Ketten nicht brechen und doch anderen ein Erlöser sein.«

Niemand sollte sich daran hindern lassen, einem Menschen zu raten, ihm einen Weg zu zeigen oder von der Liebe Gottes zu sprechen, nur weil er für sich selbst keinen Rat weiß, keine Hilfe sieht, keinen Weg findet oder keine Stimme hört, die ihm von Gottes Liebe sagt. Denn immer wird es so sein, daß er, indem er einem anderen hilft, seinem eigenen Geschick neu begegnet und entdeckt, daß seine eigene Last nicht leichter, aber seine Kraft größer geworden ist.

Es gibt Verse, an denen wir das Stillhalten der Hände üben können.

Da ist zuerst das Gesangbuchlied, dessen zwölf Strophen man auswendig lernen und sich unzählige Male vorsagen sollte, um das Bild vom gefangenen, gebundenen Christus und das eigene Schicksal ineinander zu verweben, und von dem hier nur zwei wiedergegeben seien:

> Befiehl du deine Wege
> und was dein Herze kränkt
> der allertreusten Pflege
> des, der den Himmel lenkt.
> Der Wolken, Luft und Winden
> gibt Wege, Lauf und Bahn,
> der wird auch Wege finden,
> da dein Fuß gehen kann.
>
> Weg hast du allerwegen,
> an Mitteln fehlt dir's nicht;
> dein Tun ist lauter Segen,
> dein Gang ist lauter Licht.
> Dein Werk kann niemand hindern,
> dein Arbeit darf nicht ruhn,
> wenn du, was deinen Kindern
> ersprießlich ist, willst tun.

Oder die drei einfachen Verse:

> Erneure mich, o ewigs Licht,
> und laß von deinem Angesicht
> mein Herz und Seel mit deinem Schein
> durchleuchtet und erfüllet sein.
>
> Schaff in mir, Herr, den neuen Geist,
> der dir mit Lust Gehorsam leist'
> und nichts sonst, als was du willst, will,
> ach Herr, mit ihm mein Herz erfüll.
>
> Auf dich laß meine Sinne gehn,
> laß sie nach dem, was droben, stehn,
> bis ich dich schau, o ewigs Licht,
> von Angesicht zu Angesicht.

Oder die Verse von Christian Morgenstern:

> Gib, gib und immer wieder gib der Welt
> und laß sie, was sie mag, dir wiedergeben;
> tu alles für, erwarte nichts vom Leben, –
> genug, gibt es sich selbst dir zum Entgelt.

Und:
> Wirf dich weg! Sonst bist du nicht
> meiner Art und meines Blutes.
> Wehe, wachst du zagen Mutes
> über deinem Lebenslicht,
> dessen Flamme gar nichts wert,
> wenn sie nicht ihr Wachs – verzehrt.
>
> Brenne durstig himmelan!
> Brenne stumm hinab! Doch – brenne!
> Daß dein Los von dem dich trenne,
> der sich nicht verschwenden kann.
> Laß ihm seine Angst und Not!
> Du verstehe nur den – Tod.

Oder das kleine, schlichte Bild von Hilde Domin:

> Nicht müde werden,
> sondern dem Wunder
> leise
> wie einem Vogel
> die Hand hinhalten.

Den Frieden lasse ich euch, sagt Christus.
Meinen Frieden gebe ich euch.
Nicht gebe ich, wie die Welt gibt.
Euer Herz erschrecke nicht und fürchte sich nicht.

Und:
Ich bin der Weg – der in die Freiheit führt.
Ich bin die Wahrheit – die du schauen wirst.
Ich bin das Leben – das Gott dir zugedacht hat.
Geh nach Hause zum Vater – durch mich.

DER UNANSEHNLICHE MENSCH

»Da nahm Pilatus Jesus und ließ ihn geißeln. Und die Kriegsknechte flochten eine Krone von Dornen und setzten sie auf sein Haupt, legten ihm ein Purpurkleid an, traten zu ihm und sprachen: Sei gegrüßt, lieber Judenkönig! und gaben ihm Backenstreiche. Da ging Pilatus wieder hinaus auf die Plattform vor den Palast und sprach zur Menge: Ich führe ihn hier heraus, damit ihr seht, daß ich keine Schuld an ihm finde. Da kam Jesus heraus und trug eine Dornenkrone und ein Purpurkleid. Und Pilatus spricht zu ihnen: Sehet, welch ein Mensch!«

In der Mitte des Bildes steht Pilatus, eine prächtige Erscheinung in golden-grünem Mantel, mit rotem, federgeschmückten Barett, vor dem Hintergrund eines bogigen Baldachins, unter dem offenbar sein Platz ist, wenn er Recht spricht. Pilatus bringt eben Christus aus dem Palast und zeigt ihn der Menge, die, verkörpert durch sechs Männer, von links herdrängt. Ein Priester im blauen Gewand, sich besprechend mit einem älteren, bärtigen Mann und offenbar mit Pilatus und seinem Zögern unzufrieden, daneben und darüber Soldaten und Bürger von Jerusalem. Es ist der Augenblick, da Pilatus sein geheimnisvolles Wort sagt, dessen ursprüngliche Bedeutung bis heute nicht ergründet werden konnte. »Sehet, welch ein Mensch!« übersetzte Luther. Andere übersetzen: »Seht, der ist es!« Oder: »Das ist er!« Oder: »Seht, das ist der Mensch!« Niemand weiß, ob es sich um ein beiläufiges Hinzeigen auf Christus handelt oder um ein deutendes, von tiefer Einsicht zeugendes Wort ähnlich dem anderen, das von Pilatus überliefert ist, jener Frage: »Was ist Wahrheit?«

Im lateinischen Text, der den Malern des Mittelalters vorlag, heißt es »ecce homo«: »seht, ein Mensch!« oder »seht, der Mensch!« Dieses »ecce homo« steht auf dem Spruchband, das Pilatus mit so zarter Geste in der Hand hält.
Ich liebe dieses Bild von dem Meister der Goldenen Tafel, seit ich es kenne, und weiß zu dieser Szene zwischen Christus und Pilatus kein schöneres unter den Hunderten, die zu ihr gemalt worden sind. Da stehen sie wie zwei Brüder: der weltliche Herrscher und der König, der von sich sagt, sein Reich sei nicht von dieser Welt. Es ist nicht möglich, sie zu verwechseln, aber ihre Ähnlichkeit ist doch bestürzend. In vollkommen gleicher Neigung steht das Haupt des Pilatus neben dem Haupt Christi, als verstünde Pilatus, wer der ist, den er so brüderlich an der Hand nimmt, und als liebte er ihn. Es ist, als wüßte er von dieser Menschengestalt, daß sie höher an Würde, Rang und Sinn steht als seine eigene, die des Herrschers. So steht der strahlend goldene Nimbus des Christus mitten im Thronbaldachin des Pilatus, als wäre der Thron der Herrschaft und des Rechts in Wahrheit der seine, während Pilatus daneben steht, als wäre er bestenfalls eine Säule, die den Thronhimmel des Christus trägt. Es wirkt fast, als meinte der Maler, hier übergebe Pilatus seine Herrschaft an Christus, und als ginge es ihm darum, sie dem wirklichen »Menschen« anzuvertrauen. Es wirkt, als verstünde er, daß dies der wirkliche Mensch ist: der von den Spuren der Gewalttätigkeit, des Spottes und der Niedertracht gezeichnete, wehrlose Christus mit der Krone aus Dornen. Mehr noch: es wirkt, als verstünde Pilatus, was er doch unmöglich verstehen konnte, daß hier das Bild Gottes und das Bild des Menschen ineinander übergehen, daß Gott und Mensch hier eins werden in der Gestalt des Leidenden. Ich sage: Es wirkt so. Niemand kann vermuten, Pilatus, der harte Römer, habe mit seinem Wort derlei Tiefgründiges aussagen wollen. Aber für den Maler des Mittelalters, der das Geheimnis der Majestät und der Menschlichkeit des Christus aussprechen wollte, war das Wort »ecce homo« gefüllt mit der verborgenen Herrlichkeit Gottes und des Menschen, und er schildert nun mit den Mitteln seiner Kunst die Inthronisation des leidenden Menschen in die Würde

Jesus und Pilatus vor dem Volk
aus dem Altar des Meisters der goldenen Tafel von Lüneburg, um 1420

Hannover, Landesgalerie. Foto: Atelier Nölter, Hannover

Gottes. Es lohnt, bei seinen Gedanken und seinem Bild noch einen Augenblick zu verweilen.

Was erwarten wir denn von uns selbst? Was für Forderungen, was für Ansprüche stellen wir an uns? Sicher nicht die gleichen in unserem 15. und in unserem 70. Lebensjahr. Das Bild, das wir von uns selbst haben, wandelt sich. Ein junger Mensch erwartet Höheres von sich als ein alter. Er steckt seine Ziele höher, er erhofft von der Entfaltung seiner Kräfte Größeres. Wahrheit, Gerechtigkeit, Liebe und Leistung stellen sich in seinem Herzen reiner dar als in dem des Erwachsenen. Die Maßstäbe, die er an sich selbst anlegt, sind fast immer strenger. Aber spätestens zwischen seinem dreißigsten und seinem vierzigsten Lebensjahr sieht er, daß es praktisch darauf ankommt, sich in seinen Grenzen, seinen Schwächen und seiner Durchschnittlichkeit einzurichten.

Der eine wird nun beides festhalten: die hohen Erwartungen, die er sich selbst gegenüber hegt, und die enttäuschenden Erfahrungen, die er mit sich selbst macht; er wird im Zwiespalt leben und vielleicht an ihm krank werden. Der andere wird resignieren, seine Ansprüche herabsetzen und sein Versagen verzeihlicher und natürlicher finden, bis alles vergessen ist, was er sich einmal unter dem wahren Menschen vorgestellt hatte. Denn für den erwachsenen Menschen besteht das Leben nun einmal im Abnehmen. Der Himmel wird ärmer und die Sterne verblassen, die der junge Mensch gesehen hatte, und kein äußerer Aufstieg an Erfolg, Leistung, Bedeutung oder Macht wird daran etwas ändern. Das Gewissen wird weiter, toleranter, gleichgültiger; die Erfahrung tritt an seine Stelle. Es ist kaum anders denkbar, als daß der junge Mensch, auch wenn er es nicht will, den älteren verachtet.

Denn Alter und Leid machen den Menschen selten schöner, sondern fast immer unansehnlich. Seine Angst und Sorge ehren ihn nicht, sondern nehmen ihm den Respekt der andern. Die Leistung steigt nur bis zu einem gewissen Maß

und nimmt danach ab. Nur solange Pilatus sein Amt ausübt, ist die Macht sein Schmuck. Legt er sein prächtiges Amtskleid ab, dann kommt nicht der große und nicht der wahre, sondern der unansehnliche Mensch zutage.
Eben dies aber, daß wir unansehnlich sind, gilt es anzunehmen, so einfach, so brüderlich, wie Pilatus auf Christus hinweist und sagt: Das ist der Mensch, der entehrte, der geschlagene, der unansehnliche. Es gibt nur diese Wahl: Entweder seine hohe Meinung von sich selbst gegen alle Erfahrung bis zum Zusammenbruch durchzuhalten oder zu sagen: Ja! Das ist der Mensch. Das bin ich selbst. Und als dieser unansehnliche Mensch bin ich eins mit Christus. In diesem Bild des unansehnlichen Menschen ist Gott nahe bei mir. Was brauche ich noch von mir selbst zu erwarten? Wozu brauche ich noch an mir selbst zu verzweifeln?
Denn hier ist erfüllt, was Gott in der Urgeschichte über die Erschaffung des Menschen sagt: »Ich will mir einen Menschen schaffen nach meinem Bilde, ein Bild, das mir gleich sei, mir gegenüber!« »Wer mich sieht«, sagt Christus, »sieht den Vater«. »Ich und der Vater sind eins.«
»In Christus«, sagt Luther, »hat Gott sich ein kleines, enges Gesicht gegeben, das wir anschauen können, ein menschliches, ein leidendes Angesicht«. Er hat den Menschen aus der Höhe seiner Träume herab auf die Erde gestellt und steht nun neben diesem Menschen in seiner Armut und Unansehnlichkeit. Von nun an besteht, schreibt Paulus, unsere Aufgabe darin, unseren Stolz herzugeben, damit Christus uns sein Bild, das Bild des Menschen, einpräge. »Ich möchte«, schreibt er, »nichts mehr als ihm ähnlich werden, ihm und der Gestalt seiner Leiden. Ich möchte seinem Tode gleichgestaltet werden, damit ich auch seiner Auferstehung gleich werde. Ich möchte mich nur noch auf meine Schwachheit berufen, damit keine Kraft mehr in mir wirksam sei als die Kraft des Christus.«

Matthias Nithart, den wir Grünewald nennen, der Maler des Isenheimer Altars, hat uns ein Gebet hinterlassen:

»Jesus, liebster Herr Jesus! Ich bitt, daß du mich annimmst zum Docht auf der Lampen, zu der du das Öl gibst. Geht mir nit darum, ob mein Leib verdorrt wie Gras, aber um dein Bild in mir geht es. Zünd dein Licht an und laß mich sein wie ein heiliges Feuer am Rande der finstern Öde, damit die im Dunkeln wissen, wo du zu finden bist. Aus dir kommt, was gut in mir ist, aus mir das Schwache und Geringe. Erbarm dich meiner, Herr!«

Von Blaise Pascal, dem Philosophen des 17. Jahrhunderts, sind die Worte überliefert:

> Zu wem sollte ich rufen, Herr,
> zu wem meine Zuflucht nehmen,
> wenn nicht zu dir?
> Alles, was nicht Gott ist,
> kann meine Hoffnung nicht erfüllen.
> Gott selbst verlange und suche ich;
> an dich allein, mein Gott,
> wende ich mich, um dich zu erlangen.
> Du allein hast meine Seele erschaffen können,
> du allein kannst sie aufs neue erschaffen;
> du allein hast ihr dein Bildnis einprägen können,
> du allein kannst sie umprägen
> und ihr dein ausgelöschtes Antlitz wieder eindrücken
> welches ist Jesus Christus,
> mein Heiland, der dein Bild ist
> und das Zeichen deines Wesens.

Und ein Vers in dem Lied »Endlich bricht der heiße Tiegel« von Karl Friedrich Hartmann lautet:

> Unter Leiden prägt der Meister
> in die Herzen, in die Geister
> sein allgeltend Bildnis ein.
> Wie er dieses Leibes Töpfer
> will er auch des künftigen Schöpfer
> auf dem Weg der Leiden sein.

Zerstörung des Schönen, Gesunden, Heilen geschieht also nicht um der Zerstörung, sondern um der Heilung willen. So steht Christus, dessen Werk zu einem guten Teil darin bestand, zu heilen, als der Verletzte, Zerschundene neben Pilatus, um dieses Werk des Heilens zu vollenden.
Denn es ist wie beim Trösten, dessen letztlich nur der Trostlose fähig ist, wie beim Helfen, das der Hilflose am besten vermag, beim Befreien, das am tiefsten das Amt des Gebundenen sein wird: Auch das Heilen ist Sache des Verwundeten, des Beschädigten und Unansehnlichen. Es kann zuweilen der Kranke sein, der dem Gesunden zur Wahrheit hilft oder ihm den neuen Anfang möglich macht. Ohne diese Einsicht wird niemand verstehen, worin das Evangelium vom Kreuz bestehen soll, wird niemand sein Geschick als den Weg Gottes mit seiner Seele lieben können.
Es gibt kein Altwerden, das Sinn hätte, ohne daß dieses Geheimnis dahinter stünde. Jesus spricht in der Osterzeit einmal mit Petrus über diesen Zusammenhang: »Wahrlich, ich sage dir: Als du jünger warst, gürtetest du dich selbst und gingst, wohin du wolltest. Wenn du alt wirst, wirst du deine Hände ausstrecken, und ein anderer wird dich gürten und führen, wohin du nicht willst. Folge mir nach!«
Folge mir nach: Das heißt nicht »ahme mich nach«, sondern geh auf das Bild zu, das du an mir siehst, und werde diesem Bild ähnlich. Laß es an dir wirken, übernimm es: das Bild des gebundenen Menschen. Denn es gibt anders keinen Weg in die Freiheit.

Eine Frau, die ihr Leben lang eine führende Aufgabe zu erfüllen hatte und eine große Rolle spielte, schrieb:

Herr, du weißt, daß ich altere und bald alt sein werde. Bewahre mich davor, daß ich schwatzhaft sein werde, und vor der fatalen Angewohnheit, bei jeder Gelegenheit und über jedes Thema mitreden zu wollen. Befreie mich von der Einbildung, ich müsse anderer Leute Angelegenheiten in Ordnung bringen.
Bei meinem ungeheuren Schatz an Erfahrung und Weisheit

ist es freilich ein Jammer, nicht jedermann daran teilnehmen zu lassen. Aber du weißt, Herr, daß ich am Ende ein paar Freunde brauche.
Ich wage nicht, dich um die Fähigkeit zu bitten, die Klagen meiner Mitmenschen über ihre Leiden mit nie versagender Teilnahme anzuhören. Hilf mir nur, sie mit Geduld zu ertragen, und versiegle meinen Mund, wenn es sich um eigene Kümmernisse und Gebrechen handelt. Sie nehmen zu mit den Jahren, und meine Neigung, sie aufzuzählen, wächst mit ihnen.
Ich will dich auch nicht um ein besseres Gedächtnis bitten, nur um etwas mehr Demut und weniger Selbstsicherheit, wenn meine Erinnerung nicht mit der anderer übereinstimmt. Schenke mir die wichtige Einsicht, daß ich gelegentlich irren kann. Hilf mir, einigermaßen milde zu bleiben.
Ich habe nicht den Ehrgeiz, eine Heilige zu werden (mit manchen von ihnen ist so schwer auszukommen). Aber ein scharfes altes Weib ist eins der Meisterwerke des Teufels.
Mache mich teilnehmend, aber nicht sentimental, hilfsbereit, aber nicht aufdringlich.
Gewähre mir, daß ich Gutes finde bei Leuten, wo ich es nicht vermutet habe. Und schenke mir, Herr, die Liebenswürdigkeit, es ihnen zu sagen. Amen.

Und es gibt ein Gebet von Michelangelo:

Bitter, o Herr, ist das Brot des Alters und hart. Wie erschien ich mir früher reich – wie arm bin ich nun, arm und einsam, und so hilflos! Wozu tauge ich noch auf Erden? Schmerzen plagen mich Tag und Nacht, träge rinnen die Stunden meiner schlaflosen Nächte dahin, und ich bin nur noch ein Schatten dessen, der ich einmal war. Ich falle den anderen zur Last. Herr, laß es genug sein! Wann wird die Nacht enden und der lichte Tag aufgehen? Hilf mir, geduldig zu sein! Zeig mir dein Antlitz, je mehr mir alles andere entschwindet! Laß mich den Atem der Ewigkeit verspüren, nun da mir aufhört die Zeit! Auf dich, o Herr, habe ich gehofft, laß mich nicht zuschanden gehen in Ewigkeit. Amen.

Es ist nicht nur das Alter. Es sind alle die Stunden unseres Lebens, und es können Stunden in jungen Jahren sein, in denen uns der Traum vom großen und schönen Leben verläßt und das Bild unser selbst entgleitet. Wer bin ich? Wer werde ich sein? Es wird keine Antwort auf diese Frage geben, wenn der Fragende nicht sagen kann: Ich bin getauft. Ich trage das Bild Christi in mir. Christus ist es, der mich zu dem umschaffen wird, was ich sein werde. Es wird das Bild des himmlischen Menschen, das Bild des Kindes Gottes sein. Und eben dies sehe ich vor mir in der Gestalt des armen Menschen Jesus, auf den Pilatus weist – vielleicht ohne zu wissen, was er tut.

»Lasset uns«, sagt Luther, »den Menschen Jesus Christus anschauen, der uns mit Gott versöhnt und zum Leben gebracht hat. Der ist der rechte Brunnen und Quell, da aller Trost, alle Freude und Sicherheit herwächst.«

Und ein Unbekannter hinterließ uns das Gebet:
O Herr Jesus, jetzt ist es noch um ein Gänglein zu tun.
Jetzt komme ich vors Meer, da keine Wege sind,
da aller Menschen Wege aufhören.
Aber du bist der einzige, wahrhaftige,
unbetrügliche Weg.
An dich halte ich mich mit dem Glauben,
daß ich möge in dir, an dir,
durch dich und mit dir in das Leben
der himmlischen Freude gehen
und bei dir ewig bleiben.

Paulus:
Ich lebe, aber nun nicht ich,
sondern Christus lebt in mir.
Was ich darum jetzt lebe in diesem Leib,
das lebe ich im Glauben an den Sohn Gottes,
der mich geliebt hat und sich für mich hingegeben.

Und Christus:
Wer mich sieht, sieht den Vater.
Ich und der Vater sind eins.

AUFERSTEHUNG

»An demselben Tag – es war Ostern – gingen zwei der Jünger über Land in ein Dorf, das eine Stunde von Jerusalem entfernt lag, Emmaus, und sie redeten miteinander über alles, was geschehen war. Und als sie so miteinander sprachen, nahte Jesus und ging mit ihnen. Aber ihre Augen waren gehalten, und sie erkannten ihn nicht. Was sind das für Geschichten, fragte er sie, die ihr miteinander beredet? Da blieben sie traurig stehen, und der eine, Kleophas, antwortete: Du bist wohl der einzige unter den Fremden in Jerusalem, der nicht weiß, was in den letzten Tagen drüben geschehen ist! Was war das? fragte Jesus. Das mit Jesus von Nazareth, erwiderten sie, der ein großer, gewaltiger Prophet war. In Wort und Werk hat er vor Gott und den Menschen unerhörte Dinge getan. Den haben unsere Priester und Machthaber zum Tod verurteilt und gekreuzigt – und wir hatten gehofft, er sei der, der kommen würde, Israel zu befreien. Vorgestern ist es geschehen. Aber nun haben uns einige Frauen aus unserem Kreis erschreckt. Heute morgen waren sie am Grab, fanden seinen Leib nicht und kamen mit der Nachricht zurück: Wir haben Engel gesehen! Die haben uns gesagt, er lebe!
Warum versteht ihr so wenig? fragte Jesus. Warum braucht euer Herz so lange, um zu begreifen, was die Propheten längst gesagt haben? Gott wollte es! Christus mußte das alles leiden und durch dieses Leiden hindurch in seine Herrlichkeit eingehen! Mittlerweile näherten sie sich dem Dorf, und er tat so, als wollte er weitergehen. Sie baten ihn aber dringend: Bleibe bei uns, denn es will Abend werden, und der Tag hat sich geneigt! So ging er mit ihnen in ihr Haus und blieb bei ihnen.

Da geschah es: Während er mit ihnen zu Tische saß, nahm er das Brot, dankte, brach's und gab's ihnen. Da wurden ihre Augen geöffnet, und sie erkannten ihn. Er aber verschwand vor ihnen. Und sie sprachen zueinander: Brannte nicht unser Herz in uns, als er mit uns redete auf dem Wege?«

Sie gehen miteinander über Land. Eine kleine, ummauerte Stadt liegt vor ihnen: Emmaus. Zwischen Felsen und Bäumen führt der gewundene Weg über eine bräunlich-grüne Au zu dem Stadttor, in dessen Nebentür eben ein weißer Hund springt. Hinter dem mächtigen Turm dehnt sich eine unendliche Weite, ein Meer vor fernen blauen Bergen. Im braunen Mantel erscheint Christus, der namenlose Wanderer, zwischen den beiden Männern – und in dem offenen Fenster in der Mauer der Stadt geschieht schon das Wunder des Erkennens: »Er nahm das Brot, dankte, brach's und gab's ihnen. Da wurden ihre Augen geöffnet.«
Noch mehr wird auf dem Bilde Memlings erzählt: In einer schmalen Bucht ruht ein Boot mit einigen Männern, und eben springt Petrus dem Ufer zu ins Wasser, Christus entgegen, den er am Lande erblickt hat.
Ein seltsames Licht liegt über dem Land. Zunächst scheint es das Licht eines hellen Mittags, so fast schattenlos liegen Bäume und Häuser unter dem Himmel. Aber ganz tief über dem Meer, am Fuß des Gebirges, geht die Sonne in diesem Augenblick erst auf. Oder geht sie unter? Nein, sie geht auf. Sie gehört zu der Szene am Wasser, die ja im ersten Licht des frühen Morgens geschieht.
Aber die Geschichte von der Erscheinung Jesu in Emmaus erzählt, es sei Abend gewesen, und der Tag habe sich geneigt.
Das Licht, ob es der Schimmer der ersten Frühe, die Helle des Tages oder die sinkende Dämmerung sei, kommt nicht von einer Sonne. Es kommt gleichsam vom Maler, der seine Farben so schattenlos ins Licht malt, oder vom Erzähler der Geschichte her oder aus der Geschichte selbst.

Gang nach Emmaus
Ausschnitt aus dem »Altar der sieben Freuden Mariä«
von Hans Memling (1433-1494)

München, Alte Pinakothek. Foto: Joachim Blauel, München

Was wissen wir über die Welt, in der Ostern geschieht? Wer von uns vermag mit den Augen dessen zu sehen, der Auferstehung sieht und eben nicht Tod? Es ist keine Landschaft, was Memling malt, sondern ein Glaube: der Glaube an den ewigen Tag, der keinen Wechsel von Helle und Finsternis kennt, sondern nur ein alles umfassendes und durchdringendes Licht.

Offenes Land! Kaum mehr vorstellbar fern liegt jener Garten, in dem Maria noch tags zuvor gesessen hatte, der umzäunte und durch das Grab verstellte Garten der Klage und des ausweglosen Jammers. »Weit sollst du werden in deinem Herzen! Dein Sohn wird das Leid in Freude verwandeln«, hatte auf den Spruchbändern der Engel gestanden. »Das Leid wird dich nicht erdrücken.« Und nun wird das Herz weit wie das Land und wird dabei doch nicht heimatlos, sondern findet seinen guten, geborgenen Platz. Wie um die Weite einzugrenzen und dem Herzen einen Raum zum Bleiben zu schaffen, öffnet sich das Tor der Stadt, ein Haus steht da, und das Haus bietet Tisch und Bank. »Ich bin die Tür«, hatte Christus gesagt. »Wer durch mich eingeht, wird selig sein. Er wird ein- und ausgehen und Weide finden.«

Das Leben ist schön, doch wir suchen ein anderes, das noch besser ist. Das Licht der Sonne ist schön, doch wir suchen ein anderes Licht, das wir einst schauen sollen.
Die sichtbare Schöpfung ist schön, doch wir wissen, es gibt höhere Güter, für die wir die irdischen bereitwillig opfern.

Märtyrer Plonius

Wir müssen alles Schwere gern erdulden, weil es sich mit uns verhält wie mit dem Gras, das unter dem Regenguß wächst. Wenn er es überschüttet, wird das Gras gebeugt und niedergedrückt, aber das darüber hinlaufende Wasser tut ihm keinen Schaden. Hört der Regen auf, dann richtet sich das Gras wieder auf und streckt sich in seiner Kraft mit Freude und Lust. So müssen auch wir niedergebeugt und gedemütigt werden. Gott aber will, daß wir danach mit Lust und Freude wieder aufstehen.

Elisabeth von Thüringen

Dort werden wir schauen,
schauen und lieben, lieben und loben
am Ende, ohne Ende.

Augustinus

Ein Weg. Im Halbdunkel zwischen steilen Waldhängen waren Maria, Joseph und das Kind nach Ägypten unterwegs gewesen, Opfer der Gewalt und Zeichen eines unsteten, flüchtigen, ziellosen Lebens. Und nun ein Weg über freies Land und ein Ziel! Ein Weg, auf dem der Wandernde begleitet ist, und zwar auch der, dem die große Veränderung der Dinge noch nicht bewußt ist, der nicht weiß, daß der auferstandene Christus neben ihm geht.
»Ich bin der gute Hirte«, hatte Christus gesagt. »Meine Schafe hören meine Stimme, und ich kenne sie, und sie folgen mir, und ich gebe ihnen das ewige Leben. Sie werden nimmermehr umkommen, und niemand wird sie mir aus meiner Hand reißen.«

Der Herr ist mein Hirte –
Mir wird nichts mangeln –
Er weidet mich auf einer grünen Aue
und führet mich zum frischen Wasser.
Er erquicket meine Seele.
Er führet mich auf rechter Straße um seines Namens willen.
Und ob ich schon wanderte im finstern Tal,
fürchte ich kein Unglück,
denn du bist bei mir,
dein Stecken und Stab trösten mich.

Psalm 23

Ich bitte dich, Herr, um die große Kraft,
diesen kleinen Tag zu bestehen,
um auf dem großen Wege zu dir
einen kleinen Schritt weiterzugehen.

Ernst Ginsberg

Unendliches Wasser. Weit zurück liegt das Bild, auf dem Christus, im Wasser des Jordan kniend, getauft wird und so den Tod auf sich nimmt und die Schuld der Menschheit auf sich lädt. Wie aus dem Wasser auferstanden atmet Memlings Welt, als wäre sie »aus der Taufe gehoben«, zu neuer Lebendigkeit und Reinheit.
Im Hintergrund springt Petrus ins Meer. Um zu Christus zu gelangen, den er am Ufer stehen sieht, gibt es für ihn nur den Weg durch das Wasser. Wenige Tage zuvor hatte er geleugnet, Christus zu kennen. Nun wirft er seinen ganzen Menschen gleichsam wieder in die Taufe – und Christus nimmt ihn an und stellt ihn wieder auf festen Grund: »Hast du mich lieb?« »Ja, Herr, du weißt, daß ich dich lieb habe.« »Dann weide meine Lämmer!«
Indem Petrus die Last und Schuld seines Gewissens und auch seine Sorge um das eigene Leben ins Wasser wirft und ohne Bedingungen auf Christus zu ans Land strebt, erfährt er aufs neue, was auf dem Bilde von der Taufe Jesu der Vater vom Himmel herabspricht: »Dies ist mein liebes Kind, an dem ich Wohlgefallen habe.«
Ostern ist das Ende des Verrats, des Unglaubens, der Lüge und Eigensucht und ist die Geburt eines von Gott neu bejahten, reinen Kindes. »Ich bin die Auferstehung und das Leben«, hatte Christus gesagt. »Wer an mich glaubt, wird leben, ob er gleich stürbe, und wer da lebt und glaubt an mich, der wird nimmermehr sterben.«

Deshalb dürfen wir uns nun mit aller Sicherheit und Freiheit freuen, und wenn uns etwa ein Gedanke von Sünde und Tod erschrecken will, dürfen wir dagegen unser Herz erheben und sagen: Sieh zu, liebe Seele, was du tust. Lieber Tod, liebe Sünde, wie wollt ihr mich schrecken, als lebtet ihr noch? Wißt ihr nicht, daß ihr überwunden seid? Daß du, Tod, ganz und gar tot bist? Kennst du nicht einen, der von dir sagt: Ich habe die Welt überwunden? Mir gebührt nicht dein Schrecken zu hören, noch anzunehmen, sondern die Trostworte meines Heilands: Seid getrost, seid getrost, ich hab' die Welt überwunden.

Martin Luther

Ein Haus. Ein Tisch und ein Mahl. Drei Tage sind vergangen seit jenem Abend, an dem Christus das Obergewand abgelegt und sich die Schürze umgebunden hatte, um den Jüngern die Füße zu waschen. Es war jene Liebe, die sich an den niedrigsten Platz begibt, hingebend und opfernd, und darin den »Sinn« des Menschendaseins deutet.
Und wieder ist er mitten unter ihnen. «Wo zwei oder drei versammelt sind«, werde er unter ihnen sein, hatte er ihnen für die Restzeit dieser Welt versprochen. Er bricht ihnen das Brot und gibt ihnen den Platz am Tisch Gottes.
Er begleitet die beiden verlassenen Wanderer und ist nicht erkennbar. Indem die beiden aber den Unbekannten einladen: Bleibe bei uns, Herr!, sind sie plötzlich die Eingeladenen. Indem sie bereit sind, einem Unbekannten Brot und Wein zu reichen und ihm an ihrem Tisch Rast zu verschaffen, ist in ihrem Brot und Wein plötzlich Christus selbst und finden sie selbst an seinem Tisch Rast.

Ich schreibe mein ganzes Unglück der einen Ursache zu, daß ich gottlos gewesen bin. Ein Mensch, der die Verbindung mit Gott abgebrochen hat, kann keinen Segen empfangen. Alles Gerede davon, daß ein jeder seines eigenen Glückes Schmied sei, ist Spreu. Wenn der Herr nicht das Haus baut, so arbeiten die Bauleute umsonst, das ist die ganze Wahrheit.

Strindberg

Selig sind, die Heimweh haben,
denn sie sollen nach Hause kommen.

Jung-Stilling

Helligkeit! Durchscheinendes Licht! Weder Morgen noch Abend noch das kurze Gleichgewicht der Mittagsstunde, sondern Tag. Der ewige Tag Gottes. Vorbei die Nacht in Gethsemane, in der es so fast unmöglich war, zu wollen wie Gott will. Vorbei die Felsspalten, über denen die Hand Gottes so dunkel lag und in denen Mose oder irgendein Späterer oder auch unser eigenes Herz zu warten hatte, bis »hinterher« die Herrlichkeit Gottes erscheinen würde.
»Ich bin das Licht der Welt«, hatte Christus gesagt, »wer mir nachfolgt, wird nicht wandeln in der Finsternis, sondern wird das Licht des Lebens haben.«

Herr, gib mir die Demut des Geistes,
die meiner Niedrigkeit geziemt.
Gib mir das Aufstreben des Gemüts,
welches deine Hoheit verlangt.
Denn ich möchte dich anbeten.
Gib mir die Furcht, die deine Gerechtigkeit einflößt,
und die Hoffnung, die deine Güte in uns weckt.
Denn ich möchte beständig in dir leben.
Dir, dem Allmächtigen, möchte ich mich unterwerfen.
Dir, dem Allwissenden, möchte ich die Führung überlassen.
Zu dir, dem Vollkommensten und Besten,
möchte ich mich wenden.
Ich bitte dich, liebreicher Vater,
daß dein lebendiges Feuer mich reinigt,
daß dein helles Licht mich hell macht,
daß die brennende Liebe zu dir in mir so wirkt,
daß ich, ungehindert durch menschliche Dinge,
glücklich und sicher zu dir zurückkehre.

Vittoria Colonna

Es steht geschrieben: »Öl sollen wir Gott darbringen, Öl von Oliven, lauteres, gestoßenes, zum Leuchten.« Gepreßt und gestoßen müssen wir sein, aber nicht zum Daliegen, sondern zum Leuchten.

Rabbi Mosche von Kobryn

Ungehindertes Werk! Drei Tage sind seit der Stunde vergangen, in der Christus dem Verräter die Wange und den Schergen die Hände bot, jener Stunde, in der sein Werk menschlich gesehen zu Ende war und sein Gehorsam gegen den Willen Gottes allein noch in Machtlosigkeit und Untätigkeit bestehen konnte.
Die Geschichte von dem Weg der Jünger nach Emmaus endet mit ihrem Rückweg: »Und sie standen auf zu derselben Stunde, kehrten wieder nach Jerusalem zurück und fanden die Elf und den Kreis der Freunde versammelt. Die riefen ihnen entgegen: Es ist wahr! Der Herr ist auferstanden! Simon hat ihn gesehen. Dann berichteten die beiden selbst, was auf dem Wege geschehen war und wie sie ihn an der Art, in der er das Brot brach, erkannt hatten.«
Ich bin der Weg, die Wahrheit und das Leben, hatte Christus gesagt. Geh zu den Menschen durch mich, gib die Wahrheit weiter und schaffe dem Leben Raum, nicht dem Tode. Und geh deinen eigenen Weg zum Vater – durch mich.

Ohne innere Liebe ist alles äußere Tun nichts nütze. Was aber aus Liebe geschieht, das ist groß, das bringt große Frucht, so gering und ungeachtet es im Auge des Menschen immer sein mag. Denn auf der Waage Gottes wiegt das, was dich zum Tun treibt, ungleich mehr als die Tat selber.

Thomas von Kempen

Die Welt lebt, das glaube ich, viel mehr, als es ihr bewußt ist, von dem unscheinbaren Werk der Geduld, dem Lächeln der Versöhnlichkeit, von dem mutigen Vertrauen – nicht ihrer Träumer, sondern der Erschrockenen und der Leidenden.

Albrecht Goes

Das Bild des unsichtbaren Gottes! An drei Stellen erscheint Christus auf der Tafel Memlings: auf dem Weg als Begleiter der Wandernden, am Tisch als Gastgeber, am Ufer im Hintergrund als der Herr der ausgesandten Christenheit.
Zwei Tage liegt das Bild zurück, wie sie beide unter dem Baldachin stehen, einander ähnlich wie Brüder, Pilatus und Christus, der Mensch in seiner unansehnlichen Gestalt, und Pilatus sagt: Seht! Der Mensch! »Ich will«, schreibt Paulus, »der Gestalt seines Leidens ähnlich werden, damit ich auch der Gestalt seiner Herrlichkeit gleich sei.« Und Johannes: »Wir sind nun Gottes Kinder. Es ist aber noch nicht sichtbar, was wir sein werden. Wir wissen aber, wenn es sichtbar sein wird, werden wir ihm gleichen, denn wir werden ihn sehen, wie er ist.«
Es ist die Antwort auf das rätselhafte Wort der Schöpfungsgeschichte, Gott habe den Menschen nach seinem Bilde geschaffen. Wieder wird der Mensch dem gegenüber stehen und den sehen, dessen Bild er ist. Und wenn das Wort »Schönheit« in der Welt des Glaubens einen Raum hat, wenn es Vollkommenheit meint, Lebendigkeit und Sinn, dann mag man sagen: Wir werden schön sein, wie er schön ist.

Spät hab ich dich geliebt, du Schönheit, ewig alt und ewig neu, spät hab ich dich geliebt! Und sieh, du warst immer bei mir, ich aber lief hinaus und suchte draußen dich, und häßlich ungestalt warf ich mich auf das Schöne, das du geschaffen. Du warst bei mir, und ich war nicht bei dir. Und was von dir solang mich fern hielt, waren Dinge, die doch, wenn sie in dir nicht wären, gar nicht wären. Du aber riefst und schriest und brachst mir meine Taubheit. Du blitztest, strahltest und verjagtest meine Blindheit. Du duftetest, und ich trank deinen Duft und atme nun in dir. Gekostet hab ich dich, nun hungre ich nach dir und dürste. Du berührtest mich, ich aber glühe in Sehnsucht auf, in Sehnsucht nach deinem Frieden.

Augustin

Du bist heilig, Herr, Gott: Du bist der all-eine Gott;
»der Eine, der Wundertaten vollbringt«.
Du bist der Starke, du bist der Große, du bist der Höchste.
Du bist allmächtig, du bist heilig,
der Vater und König des Himmels und der Erde.
Du bist der Dreifaltige und Eine, Gott der Herr.
Du bist der Gute, jegliches Gut, das höchste Gut, Herr,
der lebendige und wahre Gott.
Du bist die Güte, die Liebe.
Du bist die Weisheit, du bist die Demut, du bist die Geduld.
Du bist die Geborgenheit, die Ruhe,
die Fröhlichkeit und die Freude.
Du bist die Gerechtigkeit und das Maß.
Du bist aller Reichtum zur Genüge.
Du bist die Milde.
Du bist der Beschützer, der Hüter und Schirmherr.
Du bist unsere Zuflucht und Stärke.
Du bist unser Glaube, unsere Hoffnung und unsere Liebe
– unsere große Glückseligkeit.
Du bist die unendliche Güte,
großer und wunderbarer Herr, Gott, allmächtig,
liebreich, erbarmend und heilbringend.

Franz von Assisi

Bleibe bei uns, Herr, denn es will Abend werden,
und der Tag hat sich geneigt.
Bleibe bei uns und bei deiner ganzen Kirche.
Bleibe bei uns am Abend des Tages,
am Abend des Lebens, am Abend der Welt.
Bleibe bei uns mit deiner Gnade und Güte,
mit deinem heiligen Wort und Sakrament,
mit deinem Trost und Segen.
Bleibe bei uns, wenn über uns kommt
die Nacht der Trübsal und Angst,
die Nacht des Zweifels und der Anfechtung,
die Nacht des bitteren Todes.
Bleibe bei uns und bei allen deinen Gläubigen
in Zeit und Ewigkeit. Amen.

Mit jedem Blick, den der hoffende und glaubende Mensch über die Grenze dieser sichtbaren Welt hinauswirft, begegnet ihm ein Bild, ein Symbol, ein Gleichnis sichtbarer und vertrauter Dinge. Er spricht vom himmlischen Reich, von der Stadt mit den goldenen Gassen, vom Haus des Vaters, von einem goldenen Saal, von Musik, von neuen Gewändern, die die Seligen tragen, von Liedern, die sie singen, oder Instrumenten, auf denen sie spielen. Die Offenbarung Johannes wagt einmal das unvergleichliche Bild, der Glaubende empfange beim Eintritt in jene andere Welt einen weißen Stein, auf dem sein neuer Name geschrieben sei, und niemand kenne diesen neuen Namen als der, der ihn empfange. Im Namen aber liegt das Wesen, der Mensch selbst, der sich selbst neu, rein und schön empfängt.

Es ist gut, ohne Bedenken an diesen Bildern festzuhalten, wohl wissend, daß es Bilder sind, sich an ihnen zu freuen, sie zu sehen, zu schauen, sich einzuprägen und zu durchdenken. Es gibt keine Einsicht in die Welt Gottes, in sein Geheimnis, außer auf dem Wege von Gleichnissen. Wer die Gleichnisse verwirft, verschließt sich den Weg, den Gott für die Menschen bestimmt hat. »Wir armen Menschen«, sagt Luther, »müssen nun einmal in den fünf Sinnen leben und alles neben den Worten in Zeichen fassen, weil wir nichts ohne Bild verstehen noch denken können.« Und Gott kam ja eben zu uns in diese Welt der Zeichen und der Bilder, »auf daß wir ja nicht klagen möchten, wir könnten ihn nicht finden«.

Bernhard von Clairvaux hat vor siebenhundert Jahren mit besonderer Liebe immer wieder vom »Garten« gesprochen, wenn er von unserer Zukunft sprach, und sah in Bäumen, Blumen und Quellen, in festlicher Musik und durch Liebe verbundenen Menschen alles abgebildet, was der Mensch wissen müsse, um über seinen Tod hinauszudenken. »Da sollst du dich oft ergehen«, sagt er, »in dem blumenreichen Garten, in dem man Gott lobt«. Er gibt damit eine Anweisung nicht für Träumer, sondern für Menschen, die in der Nähe Christi von der bannenden Macht ihrer Angst frei werden möchten. Und niemand lasse sich Bilder dieser Art nehmen.

Sich ergehen in jener geglaubten und gehofften Welt, die wir erwarten und die uns schon hier offensteht, wenn wir bereit sind, in ihr zu leben, heißt zum Beispiel, die Worte, in denen Christus von sich selbst spricht, ihm nachsprechen und sie mit den eigenen Gedanken füllen.

Herr,
Du bist die Tür. Du kennst die Enge unseres Herzens und die Verschlossenheit unseres Gewissens. Sei uns die Tür zu unserem nächsten Menschen. Sei uns die Tür aus dem Gefängnis unserer Schuld. Sei uns die Tür in dein ewiges Reich.
Du bist der gute Hirte. Du weißt, daß wir der Führung und der Bewahrung bedürfen. Führe und bewahre uns, daß auch wir Hirten werden und die bewahren und führen können, die uns brauchen.
Du bist die Auferstehung und das Leben. Du willst nicht, daß wir in Mattigkeit und Erschöpfung liegen, sondern aufstehen und leben. Gib uns die Kraft und laß uns eine Quelle des Lebens sein für alle, die uns begegnen.
Du bist das Brot des Lebens. Du kennst allen Hunger unserer Seele, alles Hungern und Dürsten nach der Gerechtigkeit. Gib uns dein Wort zur Speise. Gib uns dich selbst.
Du bist der Weinstock. Du siehst, wie tief wir uns von dir getrennt haben und wie unfruchtbar wir dabei geworden sind. Laß uns festwachsen an dir, daß wir Frucht bringen, die bleibt.
Du bist das Licht der Welt. Du kennst die tiefe Dunkelheit, in der wir uns ängsten. Du kennst die Dunkelheit, in der wir unseren eigenen Willen tun. Führe uns ins Licht, damit wir dich sehen und tun, was du gebietest.
Du bist der Weg, die Wahrheit und das Leben. Du siehst alle unsere Wege, die uns abführen von der Wahrheit und hinführen zum Tode. Sei unser Weg. Zeige uns die Schritte, die zur Wahrheit und zum Leben führen.

Wer dich sieht, sieht den Vater. Du und der Vater sind eins. Du hast vom Vater erbeten, daß, wo du bist, auch wir seien, die zu dir gehören, daß wir deine Herrlichkeit schauen, und daß die Liebe, mit der der Vater dich liebt, in uns sei. Daß du selbst in uns seist. Ja, bleibe bei uns, Herr. Amen.

Geheimnisvoll bist du überall nahe und wirkst, Herr, und überall bist du verborgen. Du bist in der Höhe, und sie fühlt dich nicht; du bist in der Tiefe, und sie umgreift dein Wesen nicht. Du bist ganz Wunder, wo immer wir dich suchen. Nahe bist du und ferne. Wer gelangt zu dir? Der forschende Geist mit all seinem Sinnen vermag es nicht. Dir naht nur der Glaube, nur die Liebe, nur das Gebet.

Ephräm der Syrer, 4. Jh.

SEITE	AUTOR	TITEL
19	Dietrich Bonhoeffer	„Gott, zu Dir rufe ich", aus: Widerstand und Ergebung, Chr. Kaiser Verlag, München
19/20	Romano Guardini	„Herr, wenn ich im Leiden stehe", aus: Kreuzweg unseres Herrn und Heilands, Matthias-Grünewald-Verlag, Mainz
30	Dietrich Bonhoeffer	„Vater im Himmel", a.a.O.
31/32/33	Jochen Klepper	„Ich liege, Herr, in deiner Hut", aus: Ziel der Zeit, Eckart-Verlag, Witten
50	Albrecht Goes	„... Liebende vertrauen" aus: Aber im Winde das Wort, S. Fischer Verlag, Frankfurt (Main)
52	Jochen Klepper	„Ich weiß nicht, hat es Sinn", a.a.O.
68	Dietrich Bonhoeffer	„Nicht die ungelösten Rätsel", a.a.O.
71	Dag Hammarskjöld	„Was gewesen, werde stille", aus: Zeichen am Weg, Droemersche Verlagsanstalt. Th. Knaur Nachf., München
72	Dietrich Bonhoeffer	„Wunderbare Verwandlung", a.a.O.
78	Dietrich Bonhoeffer	„Herr Jesus Christus", a.a.O.
82	Hilde Domin	„Nicht müde werden", aus: Hier, S. Fischer Verlag, Frankfurt (Main)
103	Albrecht Goes	„Die Welt lebt", a.a.O.

Für die freundliche Genehmigung zur Aufnahme von Nachdrucken in dieses Buch danken Autor und Verlag den genannten Verlagen.

JÖRG ZINK
WIE DIE SCHÖNE LAU DAS LACHEN LERNTE
und was beim Älterwerden sonst noch zu gewinnen ist
120 Seiten mit 11 Farbtafeln, gebunden

Jörg Zink erzählt die Geschichte von der schönen Lau nach, die am Blautopf in Blaubeuren spielt, wo er als Junge lebte. Es ist ein Märchen voller Tiefsinn und Heiterkeit. Wie von selbst weckt es Assoziationen an Geschichten der Bibel. Die schöne Lau kann kein Kind bekommen, bevor sie fünfmal gelacht hat, und lachen kann sie zunächst überhaupt nicht. Und der alternde Mensch gewinnt Gelassenheit und Weisheit, wenn er losläßt, was ihn bedrückt. Ebenso wie Sara im Alter noch ein Kind bekam, wie Naemi von Ruth einen Enkelsohn in den Schoß gelegt und dem alten Priester Zacharias ein Sohn angekündigt wird, so ist das göttliche Kind in der Deutung Zinks Symbol für eine andere Art von Lebendigkeit und Heiterkeit, die gerade der alternde Mensch gewinnen kann.

JÖRG ZINK
LICHT ÜBER DEN WASSERN
Geschichten gegen die Angst
223 Seiten mit 109 Schwarzweißfotos und 34 Farbfotos, gebunden

„Der Titel dieses Buches macht zunächst stutzen: ‚Licht über den Wassern' und in der Unterzeile ‚Geschichten gegen die Angst'? Ausgerechnet im kriegsbedrohten Israel soll man die uns begleitende Todes- und Lebensangst loswerden? In dieser so gar nicht idyllischen, beruhigenden Landschaft zwischen Wüsten und insgeheim drohenden alten Götterbildern? Hat man dieses Buch, das mit dem Preisgesang der aus dem babylonischen Exil Zurückgeführten endet, aber durchgelesen, dann hat man beinahe mit den Sinnen erfahren, was uns diese Reise, die gleichermaßen an den biblischen Ort wie ‚erinnernd' ins eigene Innerste geführt hat, vermittelte: Zuversicht im erneuerten Denken an den einen und gütigen Gott, dessen Nähe die Menschen – nicht nur die historischen Juden – in diesen Landstrichen wohl besonders erlebt haben." Stuttgarter Zeitung

KREUZ VERLAG

JÖRG ZINK
TRAUER HAT HEILENDE KRAFT
48 Seiten mit vielen farbigen Fotos, gebunden

Dies ist ein Besuch im Haus der Trauer, nicht um vorschnell zu trösten, sondern um dem Trauernden in seinem Schmerz und seiner Einsamkeit nahe zu sein und ihn ein Stück weit zu begleiten.

JÖRG ZINK
WENN DER ABEND KOMMT
48 Seiten mit vielen farbigen Fotos, gebunden

Meditative Fotos und Texte laden ein zu Sammlung, Gelassenheit und Geduld.

JÖRG ZINK
AM UFER DER STILLE
48 Seiten mit vielen farbigen Fotos, gebunden

Jörg Zink zeigt auf Fotos und in seinen Texten, in welche Tiefe und Weite das Lauschen auf die Stille führt.

JÖRG ZINK
AUSWEGE INS FREIE
Ein Gruß für Kranke
(Briefe für Sie geschrieben Heft 5)

Wer einen Kranken nicht selbst besuchen kann, oder wer ihm mehr sagen will als ein paar Worte der Ermunterung, findet in diesem Brief ein durchdachtes Geschenk.

KREUZ VERLAG